JOSÉ DE OLIVEIRA SANTOS

OS SANTOS TAMBÉM RIEM 2

EDITORA
SANTUÁRIO

DIRETOR EDITORIAL:
Marcelo C. Araújo

EDITORES:
Avelino Grassi
Edvaldo Manoel de Araújo
Márcio F. dos Anjos

COORDENAÇÃO EDITORIAL:
Ana Lúcia de Castro Leite

COPIDESQUE:
Paola Goussain de Souza Lima

REVISÃO:
Ana Lúcia de Castro Leite

DIAGRAMAÇÃO E CAPA:
Simone Godoy

ILUSTRAÇÕES DO MIOLO e CAPA:
Eduardo de Oliveira Santos

Dados Internacionais de Catalogação na Publicação (CIP)
(Câmara Brasileira do Livro, SP, Brasil)

Santos, José de Oliveira
    Os Santos também riem 2 / José de Oliveira Santos; ilustrador Eduardo de Oliveira Santos. – Aparecida, SP: Editora Santuário, 2011.

    Bibliografia.
    ISBN 978-85-369-0238-8

    1. Santos cristãos 2. Santos cristãos – Biografia I. Santos, Eduardo de Oliveira. II. Título.

11-04798   CDD-282.092

Índices para catálogo sistemático:

1. Santos: Igreja Católica: Biografia 282.092

Todos os direitos reservados à **EDITORA SANTUÁRIO** — 2011

Composição, CTcP, impressão e acabamento:
EDITORA SANTUÁRIO - Rua Padre Claro Monteiro, 342
12570-000 — Aparecida-SP — Fone: (12) 3104-2000

APRESENTAÇÃO

Muitos dizem que o milagre é o sorriso dos santos.

Nenhum santo iria operar maravilhas para causar lágrimas e choro.

Em nosso primeiro trabalho deste gênero, afirmamos que OS SANTOS TAMBÉM RIEM não tem a pretensão de narrar a vida completa dos santos; para isso, existem os grandes biógrafos.

Conhecer a vida heroica de nossos irmãos e irmãs beatificados ou canonizados, e caminhar ao seu lado, só nos poderá beneficiar.

Semelhante ao que ocorre em nossa existência, aqui, nestas páginas, nem tudo é riso...

Se eu conseguir despertar no amável leitor o interesse pela literatura dos santos, estarei plenamente recompensado pelos trabalhos, especialmente pelas fadigosas pesquisas elaboradas para a feitura desta obra.

O autor

Sumário

Apresentação 3

João Paulo II 5
Santa Isabel 21
São Jorge 37
Santo Afonso 45
São Roque 75
São Clemente 81
São Bernardino 89
São Cristóvão 95
Os homens de Deus e os pés-de-cana 101
Santa Rita de Cássia 109
São Gil 121
Santo Atanásio 127
Padre Pio 135
Santa Mônica 149
São Bento 157
Santa Bernadette 169

Bibliografia.. 191

JOÃO PAULO II
(1920 - 2005)

Primavera de 1995.

Nosso grupo de cinco brasileiros que seguia o roteiro "SANTUÁRIO", visitando Fátima, Pilar, Lurdes, Assis e Roma, estava na Praça de São Pedro, aguardando a dominical bênção de Sua Santidade João Paulo II.

Agora, aqui em Roma, onze horas e trinta minutos.

Lembrando o nosso País, o céu é de anil.

Os fiéis começam a fervilhar ante a famosa Basílica.

Quase meio-dia.

Troam pelo espaço o sino grandalhão e seus dois companheiros menores — arautos das mensagens do papa.

São exatamente 12 horas, quando o imenso largo se torna pequeno para acolher tantos fiéis.

Sorridente, em sua batina branca, braços abertos, aparece na janela enfeitada com o belo e tradicional tapete, a figura veneranda de João Paulo.

Ele acena para os romeiros felizes e rumorosos.

É saudado entusiasticamente.

A multidão que o aplaude veio de todas as partes do Planeta.

O Papa da Paz, embora em Roma, iniciou sua saudação no linguajar do país mais católico do mundo: o Brasil — a menina dos seus olhos.

Convém observar que ele, até a presente data, esteve duas vezes em solo brasileiro.

Notavelmente, suas palavras são límpidas, sem qualquer sotaque estrangeiro: fluem como se um nosso conterrâneo estivesse falando.

Por aí se percebem o empenho e a dedicação com que ele frequentou as aulas de Português, sempre evitando misturar a suavidade da nossa língua com o tão diferente vernáculo polonês.

E, por falar na harmonia do nosso linguajar, abramos aqui um parêntese para lembrar as abalizadas afirmações do Professor Carlos Góes: "De todas as línguas que me têm sussurrado ao ouvido, não sei de nenhuma, que se vista de tanta harmonia e dulçor, que tanto forceje para aplainar as arestas dos sons e por aveludar a tonalidade das palavras, do que esta doce linguagem que de Portugal se transplantou ao Brasil..."

Lá do alto, da festiva janela, o Santo Padre falou, dirigindo-se especialmente aos brasileiros:

"Aos queridos peregrinos que vieram do Brasil, desejamos boa estada aqui em Roma e pedimos a Nossa Senhora que os cubra com seu manto protetor!"

Nesse momento, não aguentei mais. Tomado de indizível emoção, senti as lágrimas saltarem dos meus olhos.

Meio sem jeito por estar chorando em praça pública, olhei de soslaio para os companheiros e percebi que todos estavam com os olhos marejados de lágrimas.

Após as palavras de João Paulo II, o povo, em massa, aplaudiu-o, agitando lenços brancos e bandeirinhas, dando a impressão de que ele tivesse falado na língua de cada ouvinte.

Era o comovente milagre do amor e do carisma, alavancados pelo espírito de união de todos os presentes.

* * *

Karol Wojtyla, também chamado "Papa da Paz", "Papa Peregrino", "João Paulo II, O Grande", ou ainda pelos brasileiros, carinhosamente, "João de Deus", nasceu em Wadowice, modesta aldeia da Polônia, no dia 18 de maio de 1920.

Seu pai, militar, também tinha o nome de Karol.

A mãe do pequeno Wojtyla chamava-se Emília. Emília Wojtyla Kaczorowska.

Aos nove anos de idade, o garotinho perdeu seu principal arrimo na vida: faleceu sua querida mãe. Com isto, ele foi entregue aos cuidados da madrinha.

Edmundo, seu mano, 15 anos mais velho, médico, com quem Karol tinha ótima convivência, faleceu em 4 de dezembro de 1932.

João Paulo II conservou em seu escritório, até o fim de sua vida, o estetoscópio usado por seu irmão.

* * *

Em 18 de fevereiro de 1941, morreu o querido pai.

Então o adolescente ficou sozinho no mundo: sem pai, sem mãe, sem irmãos...

Era confortado pelo bálsamo das orações que, segundo alguns biógrafos, sua mãe Emília lhe ensinara a praticar desde a infância.

* * *

O jovem, cognominado "O Atleta de Deus", gostava de se exercitar nos esportes, especialmente jogando futebol ou esquiando nas montanhas cobertas de neve ou nadando nas águas geladas do Rio Skawa, em suma, praticando exercícios físicos ao ar livre. Levaria sempre essa vida espartana, se não fosse sobressaltado pelos invasores de sua pátria.

Karol enfrentou os dois terríveis flagelos do século passado: o nazismo, que subjugou a Polônia durante seis longos anos, e depois o "mui amigo" partido comunista.

Ele precisou trabalhar como operário, numa pedreira, para não ser deportado à Alemanha, país invasor que mandara fechar a Universidade Jagiellonsky, em Cracóvia.

Em 1º de novembro de 1946, Karol, após concluir seus estudos clandestinos, foi ordenado sacerdote.

Foi sagrado bispo auxiliar, no dia 23 de setembro de 1958.

Aos 47 anos de idade, foi nomeado cardeal, pelo Papa Paulo VI.

Falemos um pouquinho sobre Paulo VI, sucessor de João XXIII e antecessor de João Paulo II:

Paulo VI foi eleito papa em 21 de junho 63.

Visitou o Brasil em 1955, na qualidade de Arcebispo de Milão.

Notabilizou-se pela fiel continuação das reformas que seu antecessor João XXIII instituiu e pela sábia maneira como evitou excessos, entre conservadores e progressistas, existentes no âmago da Igreja.

Dizem que antes de ser papa, ele era um religioso pobre, muito pobre, tão pobre que na sua ordenação sacerdotal usava uma túnica feita com o vestido de noiva de sua mãe.

* * *

Em 1978, o Cardeal Wojtyla ascende ao Trono de São Pedro, adotando o nome de João Paulo II.

* * *

Ao tomar conhecimento de que o cardeal polonês se tornara papa, o mundo ficou atônito.

Que baita surpresa!

As conjunturas eram uma só: "Wojtyla?! Quem é?!... Com esse nome... seria um africano?!".

A impressão geral era de que ainda pairava no ar o possante anúncio, em latim, do cardeal camerlengo para a multidão: "Carolum Sanctae Romanae Ecclesiae Cardinalem Wojtyla", quando a grande maioria da surpresa plateia esperava a eleição de um pontífice italiano e, no caso de um resultado inesperado nos escrutínios, surgiria um papa não italiano, mas mundialmente conhecido, como, por exemplo, o heroico Cardeal Wyszynsky, vítima da sanhuda perseguição de Moscou e cognominado "Cardeal da Igreja do Silêncio".

Momentos depois, após a estupefação, o povo percebeu que a escolha era divinamente acertada.

Wojtyla, o novo papa, logo se tornou a pessoa que mais aparecia na mídia universal, demonstrando muita fé, coragem e firmeza.

* * *

Joseph Stalin dominou a U.R.S.S. no longo período de 1927 a 1953.

Usava o terrorismo para se manter no governo.

Muitos crimes cometidos por ele foram denunciados por seu sucessor Nikita Kruschev.

Os jornais da época diziam que sua terrível repressão matou, sobretudo no meio dos líderes revolucionários, quase vinte milhões de pessoas.

O povo comentava, às escondidas:

— O inimigo nazifascista eliminou muitos comunistas, porém Stalin matou muito mais!

O sanguinário ditador comunista era também um dos maiores inimigos do catolicismo.

Um dia ele vociferou no temido Kremlin (sede dos escritórios centrais do governo soviético):

— Oração?! Pra que oração?! O que resolve é a força das armas!

E completou zombando:

— Quantas divisões tem o papa?

Costumava também dizer:

— O que é religião?

E, com sarcasmo:

— Religião é o ópio da sociedade.

Mal sabia ele, o terrível ditador comunista, que poucos anos depois, vindo de Wadowice, humilde aldeia polonesa, um homem de batina branca ia vencer o tão decantado emblema da foice e do martelo.

Não com tanques.

Nem com armas.

Nem com exércitos.

Mas com a Cruz.

* * *

Em 1994, João Paulo II comentou:

— Seria simplista dizer que foi a Divina Providência que fez cair o comunismo. Ele caiu sozinho, em consequência dos próprios erros e abusos. Demonstrou ser um remédio mais prejudicial que a própria doença.

* * *

Em seu extraordinário pontificado, João Paulo II visitou 129 países, canonizou 482 santos e beatificou 1338 pessoas.

Já ia se tornando praxe, em suas viagens apostólicas, ao chegar a qualquer país, curvar-se e beijar o solo. Agia dessa maneira enquanto sua saúde permitia.

* * *

Em 30 de junho de 1980, Sua Santidade visitou o Brasil.

O país inteiro ficou vivamente emocionado com a chegada do pontífice.

Era a primeira vez na história que um papa visitava nossa pátria.

Ele estava na capital baiana, quando, banhada em lágrimas e soluçando bastante, aproximou-se uma garota, aparentando 10 anos.

Segurava um brinquedo que tencionava entregar ao Santo Padre.

O dia era lindo!

Como acontece frequentemente, Salvador, a bela capital baiana, estava sob um céu azul, docemente tangido por uma aragem deliciosa.

Olhando para os lados, o papa deparou-se com a menina que, sempre chorando, driblava os seguranças, correndo em sua direção até alcançá-lo.

Sorridente, ele abriu-lhe os braços, dizendo:

— Deus te abençoe, minha filha!

E assim, graças ao humor e simpatia do Papa Wojtyla, a baianinha, sob o brilho dos olhares admirados da plateia, foi vista em todo o mundo, através da televisão, num afetuoso e memorável abraço com o pontífice.

* * *

D. Luciano Mendes, ex-presidente da CNBB, reporta em sua fala dominical, em 9 de abril de 2005, referindo-se à primeira visita de João de Deus ao Brasil, no Ginásio do Ibirapuera:

"Emocionantes a vibração, o entusiasmo, a alegria. Cantos. Aplausos. Ao entrar no prédio, a comitiva percorreu o corredor que dava acesso ao amplo recinto.

O papa percebeu que, do outro lado, um rapaz com deficiência física, sustentado pela mãe, acenava, desejando dele se aproximar.

Naquele momento, o Santo Padre separou-se do grupo e caminhou na direção do jovem.

Visivelmente comovido, abraçou mãe e filho com afeto e os abençoou".

* * *

Na favela do Vidigal, Rio de Janeiro, sua santidade advertiu:

— Eu vim de tão longe para o Brasil, não por curiosidade, nem para fins comerciais, mas porque amo vocês.

* * *

O papado de Karol Wojtyla, opondo-se fortemente às práticas anticoncepcionais, à eutanásia e ao aborto, causou, lamentavelmente, debandada de fiéis para outros templos, também cristãos, chamados evangélicos.

As instituições milenares guiadas pelas mãos firmes de João Paulo II não se intimidaram; contrariaram interesses e se conservaram leais às suas tradições de séculos e séculos.

Cumpre-nos frisar que, ferozmente, qual onça acuada, o Papa reagiu contra a homossexualidade, o controle da natalidade, o aborto e os métodos artificiais de reprodução humana.

* * *

Embora ovacionado por milhões de espectadores, como aconteceu na missa campal celebrada por ele no Aterro do Flamengo, o Papa não se iludia: mais cedo ou mais tarde, tinha que se manifestar sobre um mal insidioso e solapador que grassa na sociedade moderna, a união conjugal fora do sacramento do matrimônio.

Falando às famílias, no Maracanã, Karol Wojtyla, certamente com o coração amargurado, advertiu: "Hoje, infelizmente, vai-se difundindo pelo mundo uma mensagem enganosa de felicidade impossível e inconsistente, que só arrasta consigo desolação e amargura. A felicidade não se consegue pela via da liberdade sem a verdade, porque esta é a via do egoísmo irresponsável, que divide e corrói a família e a sociedade."

Preocupado com a família, João de Deus, em outra ocasião afirmou: "A Igreja também se preocupa com aqueles que são separados, divorciados e divorciados recasados. Eles continuam membros da comunidade cristã".

* * *

1997
A multidão viu João Paulo II chorar, por ocasião de sua terceira viagem ao Brasil.

Não chorou de tristeza, mas tomado duma incontrolável e doce emoção, como a chuva que cai entre os raios solares.

No Campo de Marte, em São Paulo, na missa em louvor ao Beato Padre José de Anchieta, um milhão de pessoas entoavam, em altos brados, durante longos minutos: "João, João, João, o papa é nosso irmão. João, João, João, o papa é nosso irmão..."

* * *

A cidade do Rio de Janeiro é mundialmente famosa por suas belezas naturais.

Em 1930, esteve lá um missionário redentorista alemão que, ao contemplar a Cidade Maravilhosa ficou profundamente admirado e exclamou: "Deus poderia ter feito coisa mais bela, mas Ele não quis".

Entretanto, detratores sentem-se bem, dizendo que ali, no Rio, a violência campeia solta!

O Santo Padre sofreu terrível atentado, não no Rio de Janeiro, mas sim em plena Praça de São Pedro, perante cerca de dez mil fiéis, na hora em que realizava sua tradicional audiência pública.

* * *

No admirável afã para descontrair seus ouvintes, o Papa Wojtyla utilizou-se de vários artifícios:

Em Manaus, colocou sobre sua cabeça um artístico e bem matizado cocar confeccionado por nossos índios.

Em Porto Alegre, abraçou uma turma que trajava roupas folclóricas.

No Ceará, sob fortíssima onda de calor, usou vistoso chapéu de vaqueiro.

* * *

Seguindo o exemplo dos santos da Igreja, João Paulo era fervoroso devoto de Nossa Senhora.

Mandou gravar em seu brasão, referindo-se à Virgem Maria, as palavras: "Totus tuus" (todo teu).

* * *

No atentado que abalou o mundo, em 1981, na Praça de São Pedro, Sua Santidade tombou, abatido pelos projéteis da perigosa arma Browning, disparada a menos de 7 metros de distância pelo desalmado turco Ali Agca.

O papa foi atingido no estômago, na mão esquerda e no cotovelo.

Há fortes indícios de que o malfeitor turco fora insuflado pelos terroristas do Kremlin, que pretendiam calar para sempre a destemida voz do pastor de 980 milhões de católicos espalhados em todos os quadrantes da Terra.

Aqui, ao contemplar o papa ferido, numa praça cercada de imagens de mártires, tendo sua batina branca manchada de sangue que escorria aos borbotões, acorria às mentes de todos a figura dos mártires que deram suas vidas em testemunho aos ensinamentos de Cristo.

Sem dúvida, este é mais um mártir derrubado no exato cumprimento do dever.

Para os terroristas, matar o pontífice, com 2 tiros à queima-roupa, seria mais fácil do que tirar doce de uma criancinha; eles não contavam com a proteção do Todo-Poderoso, por intercessão de Nossa Senhora, da qual João Paulo II era fiel devoto.

Dias depois, ele mesmo comentou:

— Uma mão disparou e a outra guiou a bala.

O papa era considerado pelo implacável Partido Comunista seu mais incômodo inimigo, por isso foi tramada a sua execução por intermédio do cruel e bisonho Ali Agca.

George Weigel, muito famoso biógrafo de João Paulo II e pessoa da mais elevada confiança de Sua Santidade, afirma em seu brilhante artigo "O Papa da Paz", na *Seleções*, de maio de 2005, página 40: "Só ingênuos ainda acreditam que a União Soviética nada teve a ver com aquele crime chocante".

* * *

Bem sabia o Papa Wojtyla que o mundo estava em constante sobressalto, por causa da Guerra Fria; era iminente a explosão duma pavorosa hecatombe, principalmente em consequência dos assustadores arsenais americanos e russos.

Aliou-se a Ronald Reagan, presidente americano, formando imbatível frente contra a intolerante orquestração de Moscou, chamada por ele "O Império do Mal".

Sua Santidade jamais acalentou rancor contra o homem que tentou matá-lo, que o obrigou a permanecer 22 dias internado no hospital.

Dois anos depois, entrava na cadeia de Rebibbia, em Roma, a vítima – o Homem de Deus – para levar, ao turco prisioneiro, seu abraço junto com seu perdão e sua bênção.

Conversaram cerca de 20 minutos. Wojtyla foi o primeiro papa a entrar na cela duma prisão.

Tempos depois, visitou Fátima (Portugal); ele tinha sido alvejado em 13 de maio, dia de Nossa Senhora de Fátima.

Nessa visita, o papa levou consigo uma das balas que perfuraram seu corpo.

Numa cerimônia simples, mas comovente, incrustou o projétil na coroa de ouro de Nossa Senhora de Fátima.

* * *

No dia 12 de outubro de 1991, o papa chega ao Brasil, em sua segunda visita.

Tem 71 anos de idade.

Vem descontraído e mais afiado na língua portuguesa.

Sabendo que RIR FAZ BEM À SAÚDE, falou algumas coisas engraçadas para o povão, certamente se referindo aos apuros que enfrentou na primeira viagem ao Brasil, quando precisava nasalizar algumas palavras:

— Não se deve dizer meio quilo de pao, mas sim, meio quilo de pão... pã...o!

* * *

Numa audiência pública falou:

— Os homens que pensam que as mulheres foram feitas para servi-los deveriam pensar melhor!

* * *

Trabucando pela paz, em 15 de janeiro de 1991, escreve para George Bush e para Saddam Hussein, com o fito de evitar a guerra no Golfo.

* * *

João Paulo II foi o primeiro papa a entrar em sinagogas e mesquitas.

Foi, sem dúvida alguma, um dos mais carismáticos líderes do século XX.

O prestígio do papa polonês aumentava cada vez mais pelo mundo. Em 1994, a revista *Time* o elegeu "O HOMEM DO ANO".

Apenas São Pedro e Pio IX tiveram pontificado mais longo.

Tornou-se o rosto mais observado da Terra.

Falava correntemente outras línguas, por isso, em suas viagens apostólicas ao Brasil, dirigia-se ao povo em português.

Objetivando pregar a palavra de Deus, incentivar a fraternidade entre os homens e promover a paz, visitou, incansavelmente, todos os cantos do planeta.

* * *

Propenso ao diálogo, o Santo Padre reuniu em Assis, na Itália, líderes de outras religiões cristãs e não cristãs, a fim de rezarem unidas pela paz no mundo.

* * *

Sexta-feira, 08 de abril de 2005.

Hoje é o dia do sepultamento do Papa Wojtyla, falecido no Vaticano, em 2 de abril de 2005.

Durante a missa levantaram-se vários clamores: "Santo, Santo, Santo súbito (já)".

Há poucos anos, no dia 11 de setembro, quando houve o ataque pela AL QAEDA ao World Trade Center, em Nova York, o povo também estava aglomerado; lacrimoso, pranteava a morte de seus parentes e amigos; via-se derrotado, sentindo o travo do fracasso e o desalento da descrença.

Hoje, aqui, embora no velório dum pai querido, reina a fé contagiante. Todos conhecem as palavras de Jesus, ditas na ressureição de Lázaro: "Eu sou a ressureição e a vida. Quem crê em mim, ainda que esteja morto, viverá" (Jo 11,25).

* * *

Com a morte de João Paulo, emocionantes declarações mostram como ele era estimado pelos maiores líderes do planeta:

"João Paulo II era uma figura excepcional de nosso tempo, sendo associado a ele toda uma era. Guardo belas lembranças de nossos encontros com o Pontífice. Era um homem sábio e responsável, aberto ao diálogo".

(Vladimir Putin, presidente da Rússia)

"O mundo perdeu um líder religioso que foi honrado por pessoas de todos os credos e as que não têm nenhum. Ele foi uma inspiração, um homem de extraordinária fé, dignidade e coragem."

(Tony Blair, Primeiro-Ministro britânico)

"Ele era alguém que trabalhava pela glória das pessoas. Ele não defendia um partido ou um conjunto de políticas. Sua missão vinha de Deus. Eu diria que ele era o humanista número um."
(Mikhail Gorbatchov, líder soviético)

"A Igreja Católica perdeu seu pastor, o mundo perdeu um campeão de liberdade humana. Um fiel e bom servidor de Deus foi chamado. O Papa João Paulo II era uma inspiração para milhões de americanos e para tantos outros em todo o mundo."
(George W. Bush, presidente dos Estados Unidos)

"Ele era um homem por quem eu tinha muita estima. As experiências que ele teve na Polônia, quando o país era comunista, e minhas experiências com o comunismo aproximam nossos passados."
(Dalai-lama, líder espiritual do Tibete)

* * *

Em 2011, passados seis anos de seu sepultamento, João Paulo II é beatificado, em 1º de maio, numa solene cerimônia realizada na praça de São Pedro, no Vaticano, pelo então Papa Bento XVI: "Feliz és tu, amado Papa João Paulo II, porque acreditaste! Continua do Céu — nós te pedimos — a sustentar a fé do Povo de Deus. Muitas vezes, do Palácio, tu nos abençoaste nesta Praça! Hoje nós te pedimos: Santo Padre, abençoa-nos! Amém".

Santa Isabel

SANTA ISABEL
(1271 – 1336)

Nasceu em Aragão, na Espanha.

Era descendente de reis, imperadores e santos.

Aos 12 anos, casou-se com D. Dinis, rei de Portugal. Com ele teve um filho e uma filha: D. Afonso, herdeiro do trono de Portugal e D. Constança, futura rainha de Castela.

Era sobrinha da outra Isabel, também santa, da Hungria.

Tinha vários títulos, além de Rainha de Portugal: Mãe da Paz e da Pátria, Rainha Santa, Paz do Reino, Amparo dos Desvalidos, Anjo da Paz, Rainha dos Agricultores...

* * *

Isabel ficava muito feliz quando, na inesquecível quadra dos casamentos, dava ajuda financeira às noivas pobres.

Nesses eventos, emprestava-lhes joias de seu uso pessoal e tinha enorme satisfação em ajustar-lhes os vestidos com suas próprias mãos.

Jamais fazia alarde das caridades que praticava.

Humildemente, em seu admirável espírito de mortificação, lavava num riacho que coleava sob os céus da pequena vila, as míseras roupas dos coitados e os nojentos panos usados nos hospitais.

Diz a lenda que as águas desse pequeno rio tornaram-se veneradas: muitas pessoas curaram suas mazelas, lavando-se nelas.

* * *

A Santa não apenas fornecia alimentos, remédios e vestuário aos necessitados, mas também — e o mais importante — mandou construir para eles numerosos hospitais, orfanatos, hospícios e abrigos.

Exemplos: Em Santarém mandou edificar um hospital para crianças desamparadas e doentes. Em Coimbra, determinou que fosse feita uma casa para atendimento e regeneração das prostitutas. Ainda em Coimbra, mandou construir um grande asilo para atender os pobres.

* * *

Em 1333, Portugal estava mergulhado em terrível crise de fome que atingiu não só os pobres, mas também alguns poderosos.

O pão era minguado.

O trigo vinha de outros países, a preços exorbitantes.

Por isso o dinheiro da rainha foi se escoando...

Ela não teve alternativa senão vender seus preciosos adornos, para socorrer os famintos.

* * *

Santa Isabel estendeu suas asas de Anjo da Paz não apenas sobre os régios litigantes da sua família, mas também em outros reinos cristãos.

A intervenção apaziguadora mais dolorosa, feita por D. Isabel, foi na ocasião da guerra aberta entre seu marido, D. Dinis, e seu filho, D. Afonso.

Tremendo conflito fatalmente iria se desencadear, caso não houvesse a interferência de Isabel.

Para agravar ainda mais a situação, D. Afonso pediu ajuda militar de Aragão e Castela contra o pai, que, por sua vez, buscava reforços para rechaçar e prender ou matar seu filho.

A Rainha Santa, que se achava desterrada em Alenquer, contrariou as ordens de D. Dinis e abandonou seu cativeiro, a fim de fazer urgentíssimas negociações de paz.

Correu para Coimbra, à procura do monarca, seu marido.

Atirou-se-lhe aos pés e, em convulsivos prantos:

– Meu marido... Por Deus!... Eu sou tua escrava! Podes chicotear-me... Podes matar-me... Mas, por tudo que é sagrado, por amor de Jesus e Maria, não prossigas numa guerra tão monstruosa! Perdoa Afonso, nosso filho!

Embora farrista e louco por aventuras extraconjugais, D. Dinis tinha bom coração.

Viu bem a atitude sofrida, abnegada e santa de sua mulher.

Levantou-a nos vigorosos braços, exclamando:

— Ah, Isabel... Quanto sofres pelos outros! A guerra só nos traz prejuízo e dor! Farei de tudo para que a paz volte entre nós, contanto que nosso filho venha me pedir perdão e me preste obediência!

D. Isabel, instantes depois, seguia para Pombal, onde se instalara o quartel-general do filho.

Levava para o príncipe a mensagem de paz do pai, negociada há pouco.

No dia seguinte, bem cedinho, mãe e filho partiam ao encontro de D. Dinis.

Quando D. Afonso encontrou-se com o rei, ajoelhou-se aos seus pés e beijou-lhe a mão, selando, assim, o compromisso com uma sonhada e duradoura paz.

* * *

Participando de boemias e aventuras extraconjugais, D. Dinis teve 7 (sete!) filhos: 5 homens e duas mulheres.

Entretanto, sua esposa, D. Isabel, acolhia tranquilamente, resignadamente e pacificamente os rebentos do marido com outras mulheres, acolhendo-os em seu lar e cercando-os de especial carinho materno.

Dava, a esses filhos bastardos, esmerada educação, como se seus filhos legítimos fossem.

* * *

Em meu trabalho *Páginas Descontraídas*, editado em 2001, reporto acontecimento presenciado no interior do Estado de São Paulo, escrito sob o título: "O chupim e o tico-tico":

Nossa pequena propriedade, em Itatiba-SP, era constantemente visitada pelos mansos, graciosos e irrequietos macaquinhos que, ao serem chamados, comiam bolachas e frutas em nossas mãos.

Sombreando nosso ranchinho, uma frondosa árvore, chamada pelos sertanejos nordestinos "Esporão de Galo" e conhecida no sul como "Primavera", enfeita nossas paisagens com um verdadeiro oceano de flores dum vermelho vivo.

Todo o mundo conhece a história verdadeira do tico-tico e do chupim, comodista ave preta que, não tendo disposição para fazer o próprio ninho, põe seus ovos no lar do bondoso tico-tico. Este, inadvertidamente os choca e, dias depois, trata os filhotes alheios como se fossem seus próprios filhos.

Convém lembrar que o chupim é o terror das plantações de arroz, quando o verde dessa lavoura se transforma em dourados e preciosos cachos maduros, já prontos para serem colhidos.

Ele, o chupim, é também chamado pelo povo de "Engana-Tico", "Pássaro Preto", "Parasito", "Corrixo"...

Numa tardezinha, sob copada e florida árvore, minha atenção foi desviada duma atraente leitura para angustiantes pios vindos do alto, dentre a imensidão das flores.

Procurei descobrir a causa de tão impertinente gritaria. "Deve ser algum filhote que voou para os altos galhos e não consegue descer", pensei.

Qual não foi minha surpresa, ao divisar numa pequena clareira, pousado no ramo seco, um chupim de porte adulto. Não era pequenino, não!

Fiquei observando...

O cara de pau chora... chora... chora...

Súbito, aparece a miúda e preocupada "tica", a mãe adotiva; coração mole, jeitosamente ela mete no bico do chorão um inseto pequenininho.

Pronto! Acabou a choradeira!

A história de Santa Isabel de Portugal nos traz à mente a figura da bondosa avezita que vive em profusão na América do Sul.

É claro que esse régio e abnegado comportamento custou caro, bem caro a Isabel. Ela foi profundamente humilhada pelo marido farrista, mas tudo suportou por amor a Jesus e Maria.

* * *

Numa Quinta-Feira Santa, a rainha reuniu no palácio doze mulheres pobres e lavou-lhes os pés.

Elas não eram apenas pobres.

Eram doentes e algumas com repelentes úlceras. Muitas eram hansenianas.

Uma dessas coitadas, chamada Amélia, fez de tudo para evitar que seu outro pé fosse visto, pois estava sem os dedos e exalava insuportável cheiro.

Isabel ordenou que suas auxiliares se retirassem e, com jeitinho, desenrolou o pé atingido pela terrível moléstia.

Verteu copiosas lágrimas sobre ele.

Lavou-o com água perfumada.

Beijou-o.

Depois de enfaixá-lo, dispensou a doente.

Deu a todas essas mulheres dinheiro e mantimento.

Chegando a casa, Amélia, com muita preocupação, foi retirando a atadura colocada pela rainha.

Ficou encantada!

Estava perfeitamente curada.

No dia seguinte, cheia de gratidão, tentou e conseguiu aproximar-se da sua benfeitora.

Arrojou-se-lhe aos pés e, banhada em lágrimas:

— Ó Senhora e Santa, muito vos agradeço pelo milagre que fizestes, curando meu leproso pé…

— Minha filha, eu não faço milagres… É Deus quem os faz e somente a Ele devemos agradecer!

* * *

Segundo o célebre cronista Rui de Pina, Santa Isabel curou, no Mosteiro de Chelas, a sóror Margarida Freire, de um tumor estomacal considerado, pelos médicos, incurável. Ela operou essa maravilha, fazendo o sinal da cruz sobre a úlcera.

* * *

Em Portugal existe um delicioso conto muito conhecido, quase tão conhecido quão conhecida é a história do milagre das rosas de Santa Isabel.

Refere-se à JUSTIÇA DIVINA:

O Soberano D. Dinis tinha um pajem invejoso e perverso.

A rainha era servida por outro servo religioso e leal.

Para simplificar vamos chamá-los pelos nomes: Carlos e Manoel.

Carlos servia especialmente a D. Dinis. Seguia-o dia e noite, qual sombra. Era finório. Liso como uma piaba. Manhoso e perigoso como uma serpente. Conhecia bem os "podres" do monarca, seu amado e bajulado patrão.

Manoel era homem de confiança da rainha. Muito ativo e temente a Deus, logo conseguiu granjear sua irrestrita confiança.

Chegou a ser confidente da soberana, principalmente quando se tratava da distribuição de esmolas àqueles que foram poderosos, mas, numa reviravolta da sorte, tornaram-se melindrosos necessitados.

O sucesso de Manoel desencadeou incontrolável onda de inveja em Carlos, auxiliar de D. Dinis.

Numa tarde abafada, das mais abafadas do reino português, quando se tinha a impressão de que o Sol ia fritar nosso planeta, o mexeriqueiro encontrou-se com o rei nos corredores palacianos e iniciou o diálogo:

— Que calorão!...

— É verdade...

— Eu não queria pôr lenha na fogueira, mas...

— Mas o quê?!

— Até fico sem jeito para falar, porque se trata da rainha...

— Conta-me cá, homem, tudo o que sabes!

— O povo anda a comentar...

— Desembucha o que sabes! Quero que me contes tudo!

— Aquela intimidade que D. Isabel tem com o Manoel está a repercutir mal no meio do povo...

— Está bem... Agora vá cuidar dos teus afazeres!

As palavras do servo perverso caíram como setas de fogo no coração do monarca farrista, que começou a pensar: "Ó, raios! Isabel é nova e bonitona; e ela sabe das minhas aventuras com outras mulheres... não custa querer se vingar de mim com o tal Manoel, que também é novo e bem apanhado, embora metido a carola... não convém facilitar!".

Para desanuviar o espírito, D. Dinis começou a andar pela cidade.

De repente avistou uma usina de cal, cuja fornalha era avivada por suarentos operários.

Satânico plano foi arquitetado pelo rei.

Chamou os trabalhadores e ordenou-lhes, sob rigoroso sigilo, que quando alguém mandado por ele aparecesse perguntando se eles haviam feito o que o rei mandou, que o pegassem e o atirassem imediatamente ao fogo.

O dia mal tinha raiado, quando Sua Majestade mandou vir à sua presença o inocente Manoel.

Ordenou-lhe:

— Quero que vás à usina de cal e lá perguntes se o que eu mandei foi feito.

— Sim, senhor!

Mas a Providência Divina desbaratou o real plano macabro.

Manoel já avistava o terrível fogaréu, quando ouviu o enorme sino da Matriz chamando os fiéis à oração.

Ao entrar na igreja, constatou que ia começar solene missa celebrada pelo bispo.

Terminado o ofício religioso, ouviu tangerem novamente os instrumentos de bronze, anunciando o início de linda missa cantada.

O bom jovem estava tão concentrado, que não percebeu o passar das horas.

Finalmente, ia saindo da igreja, quando, pelas cores negras dos paramentos sacerdotais, percebeu que estava sendo realizada celebração da Eucaristia por intenção de alguém que tinha falecido; era missa de réquiem. Ele precisava rezar por aquela alma.

Enquanto isso, o rei impaciente, chamou o vil caluniador e o mandou à usina para obter informes sobre o cumprimento da sua ordem.

Lá chegando, o infeliz fofoqueiro, sem mais delongas, foi agarrado e atirado às chamas.

Pouco depois, Manoel chegou junto à fornalha, perguntando se a ordem do rei foi executada.

Responderam-lhe que foi executada e bem executada!

De volta ao palácio, Manoel apresentou-se ao soberano que o recebeu apavorado... Muito apavorado!

Tinha os olhos esbugalhados, os dentes rilhantes, as mãos trêmulas e os joelhos "batendo castanholas", como se estivesse vendo fantasma.

Apenas balbuciava:

— Ai, Jesus! Misericórdia!...

Voltando à calma, perguntou:

— O que aconteceu contigo?!

E o Manoel, tranquilamente:

— Eu me dirigia à usina para cumprir a ordem de Vossa Majestade, quando ouvi o sino chamando o povo para a santa missa. Bem sabe Vossa Majestade que sou muito católico e não costumo perder missas já iniciadas. Assisti à primeira, à segunda e à terceira. Tão compenetrado estava que não vi o tempo passar. Lembrei-me de ir à usina ver se a sua ordem foi executada. Disseram-me que foi executada e bem executada.

D. Dinis viu, nesse episódio, o dedo de Deus demonstrando a inocência de Isabel.

**

É janeiro.

Por toda a parte são vistos e sentidos os rigores do inverno europeu.

A natureza parece morta.

Nenhuma árvore com flores.

Nenhum pássaro a cantar.

Nenhuma criança a brincar nas brancas ruas cobertas de neve.

Cadê o alegre bailado das verdes folhas ao perpassar dos ventos?

Ouvem-se ligeiros passos.

É a Santa que passa rumo ao Convento de Santa Clara, onde residem e trabalham suas freiras.

Leva consigo moedas de prata para socorrer os necessitados. Entra no edifício, mas... Que surpresa!

Quase junto com ela, surge a figura marcante do rei D. Dinis.

O monarca sabia que D. Isabel ajudava os pobres; sabia também que ela detestava fazer ostentação de suas caridades.

Brincando, pergunta:

— O que levas aí, Senhora?

E ela também brincando, mas com apreensão:

— Levo rosas!

Incréu, D. Dinis, rindo com mais intensidade, observa:

— Rosas?! Num tremendo inverno destes?

— A soberana elevou seu pensamento para Deus e abriu os panos brancos, donde afloraram belíssimas rosas que encantaram a todos, pelo perfume, pela formosura e pela irrefutável convicção de que, na hora difícil, o Senhor protegia sua fiel serva.

* * *

D. Dinis, embora sendo farrista, tinha suas boas qualidades.

Jovem, bem-humorado, elegante, destemido e poeta, era muito estimado por seus súditos.

Recebeu o título de Trovador.

Fundou a Universidade de Coimbra, uma das mais famosas da Europa.

Levou Portugal para situação invejável no concerto das nações.

* * *

No início de 1325, morre nos braços de Isabel o Rei D. Dinis.

Era admirável a dedicação e o desvelo com que sua esposa o tratava; ela dispunha de funcionários competentes e leais para dar ótima assistência ao marido, entretanto ficou junto ao real enfermo até seu último suspiro.

O suntuoso funeral do monarca durou nove dias.

D. Dinis foi sepultado no convento de Odivelas, onde ele mesmo havia mandado construir seu túmulo.

A Rainha Santa não arredou pé da cidade. Aí se entregou às penitências, às missas e às obras de caridade.

Alguns dias depois, viajou para Compostela.

Com a intenção de fazer penitência, dispensou a condução no lombo de animal, seguindo grande parte do percurso a pé.

Embora humildemente disfarçada em seu rústico hábito franciscano, muitas vezes foi reconhecida; então era entusiasmadamente aclamada e venerada pelo povo.

Aos 55 anos de idade, viúva, D. Isabel resolveu abandonar as poucas ilusões do mundo e fazer, no convento, seus votos de pobreza, obediência e castidade.

Mas a grita de seus parentes e amigos foi geral:

— Ó rainha, a senhora estando na clausura, sujeita aos votos de pobreza, já pensou naqueles pobres maltrapilhos que permanecerão esfarrapados, nos famintos que continuarão sem alimentos e nos fracos que ficarão sem o seu poderoso amparo?

Isabel ouviu as justas ponderações.

Consultou as pessoas experientes e decidiu continuar exercendo a realeza, convicta de que esta era a vontade dos céus.

* * *

Incontáveis são as maravilhas operadas por intercessão de Santa Isabel, ainda em vida.

Após a sua morte, os milagres alcançados por seu intermédio aumentaram de tal maneira, que D. Manoel I, em 1516, solicitou de Roma que fosse iniciado o processo de beatificação.

* * *

1336
Com mais de 66 anos de idade, doente e visivelmente combalida, lá vai Isabel, sob um sol ardente, um mês antes do seu falecimento, para Estremoz, no fito de eliminar outro estopim duma guerra fratricida e encarniçada, entre seu filho, o Rei Afonso IV de Portugal e seu neto, Afonso XI, de Castela.

Esta é a sua última viagem de pacificação.

Qual sublime vela que se consome para transmitir a luz da paz, a Santa se expôs demasiadamente aos perigos duma viagem tão adversa.

O Anjo da Morte a levou na noite de 4 de julho de 1336.

Após seu falecimento, a tão procurada paz abriu definitivamente suas asas sobre os reinos de Portugal e de Castela.

Santa Isabel foi sepultada no Mosteiro de Santa Clara, em Coimbra.

* * *

30 de outubro de 1677. Trezentos e quarenta e um anos depois do sepultamento da Santa, com a presença dos médicos peritos da Universidade de Coimbra, várias testemunhas credenciadas e quatro bispos, foi aberto o venerável túmulo.

Todos os presentes ficaram boquiabertos.

O corpo estava incorrupto.

Inteiro.

Exalava suave fragrância, interpretada como osmogênese (do grego: geneses = produção; osme = odor).

As feições plácidas demonstravam um passamento tranquilo, como de fato os biógrafos nos contam.

* * *

Na primavera de 1696, cumpridas as aparatosas cerimônias, organizou-se a procissão da terceira e última trasladação do venerado corpo, finalmente colocado sobre o altar-mor do magnífico templo erguido junto ao Mosteiro de Santa Clara, em Coimbra.

* * *

Vivia no Convento de Chefas uma freira chamada Ana Azpilcueta que, após se tornar paralítica, permanecia durante muitos anos num leito de amarguras.

Os médicos, usando os recursos da ciência, tentaram tirar a pobrezinha daquela situação angustiante.

Tudo em vão.

O maior sonho de Ana era acompanhar suas coleguinhas nas atividades rotineiras, como, por exemplo, cantar no coro do convento.

O ilustre Dr. Martim Azpilcueta, seu tio, ficava com o coração ralado de pena da religiosa, mas nada podia fazer, senão rezar.

Um dia, visitando a freirinha, comentou:

— Ana, perdemos a fé na medicina, mas ainda cremos nos poderes de Deus e na intercessão da nossa amada Santa Isabel; agarre-se com ela!

— Bem lembrado, meu tio. Passarei o dia de hoje pedindo a valiosa ajuda de nossa Rainha Santa.

A enferma dedicou-se à reza com todas as veras do seu coração.

Adormeceu.

Teve com a Santa coloridos sonhos repletos de doçura e unção.

Ao despertar, sente estranho tremor sacudir seu corpo inteiro.

Salta da cama.

Feliz, corre para o coro, onde as freiras cantavam.

Diante delas, anda rapidamente daqui pra lá e de lá pra cá, com toda a segurança.

Não tem palavras para agradecer; apenas gagueja:

— Santa... Isabel... Santa... Isabel!

Algumas religiosas riem, outras choram, outras, de joelho, agradecem tão bela graça alcançada.

Este milagre foi descrito pelo próprio Dr. Martim e entrou no processo de canonização.

* * *

Santa Isabel foi canonizada, em 1625, pelo Papa Urbano VIII.

* * *

São Jorge

SÃO JORGE
(280 – 303)

São Jorge nasceu por volta de 280, na Capadócia (Oriente).

Seus pais eram nobres e muito ricos.

Ele foi educado com esmero nas artes marciais voltadas especialmente à cavalaria.

Converteu-se ao cristianismo e foi batizado nas catacumbas.

É também chamado "Santo Guerreiro".

São Jorge é bastante venerado e festejado em várias partes do mundo, especialmente na Inglaterra.

Em 1348, o Rei Eduardo Instituiu a Ordem da Jarreteira sob a proteção do "Santo Guerreiro".

No século XV, os ingleses celebravam com grandes pompas as festas anuais de São Jorge, datadas de 23 de abril.

Devido aos inúmeros contos lendários envolvendo o Santo, a Igreja ameaçou retirar São Jorge do livro oficial dos santos, mas recuou por causa da grita levantada pelos fiéis, sobretudo da Inglaterra, Irlanda e de outros países, onde tinham sido erguidos numerosos templos em seu louvor.

O Corinthians, um dos maiores times de futebol de São Paulo, tem São Jorge como seu protetor.

Quanto ao nome do clube, é interessante lembrar que é oriundo de um time da Inglaterra, o Corinthian Football Club, fundado no ano de 1882, em homenagem à cidade grega de Corinto.

***

Nas românticas noites de luar, os namorados se deliciam sob a suave luminosidade que a Lua espalha sobre a Terra.

É quando ele, o namorado, olhando para o alto sussurra:

— Que lindo luar!...

— É... Lá está São Jorge matando o dragão!

Por que se menciona a figura de São Jorge com o lendário monstro?

É por causa desta história imaginária:

"Havia em Silene, na Líbia, um pavoroso dragão que matava e comia seus indefesos habitantes.

Numa ocasião, o rei, amedrontado, para se ver livre dessa fera, mandou entregar-lhe a própria filha.

O monstro, arrastando a volumosa cauda e movimentando ruidosamente as enormes garras e asas, dirigia-se para a jovem que, de joelhos, fazia suas últimas orações. De repente surgiu, montado em seu inseparável e fogoso cavalo branco, o jovem e heroico oficial Jorge.

A moça, supondo que não tinha mais salvação, pediu a Jorge que fugisse, deixando-a morrer sozinha. Mas, para enfrentar a medonha fera, o arrojado oficial contava com a cobertura divina e com o valente cavalo.

Visualizando um ponto vulnerável, Jorge, num golpe certeiro de lança, trespassou o monstro, libertando a princesa".

***

Jovem, leal, valente e exímio cavaleiro, Jorge era um dos generais da elevada estima de Diocleciano, imperador de Roma.

Sua Majestade Imperial não admitia fofocas que empanassem o prestígio de seu brilhante oficial, vindo da Palestina.

De vez em quando o imperador mantinha admiráveis diálogos com Jorge, que o respeitava muito, mas não o temia:

— Meu caro general, você sabe que o império Romano domina a Terra inteira, ele é muito poderoso. Precisamos manter nossos rituais politeístas... No Panteão temos dezenas de milhares de deuses.

— Na minha opinião, senhor, só existe um Deus verdadeiro.

— Essa é a opinião estúpida dos cristãos...

— Senhor, com tantos deuses, haverá confusão na cabeça do povo!

— Nada! Muitos deuses adorados em Roma mostram ao mundo que somos poderosos, inclusive, aceitando divindades de outros povos.

— Senhor, os grandes filósofos afirmam que só existe um Deus verdadeiro!

Aí, Diocleciano engrossou:

— Não me interessa a opinião de filósofos... Roma é a verdade, porque somente ela domina os povos!

Sua Majestade Imperial começava a desconfiar da lealdade de seu jovem oficial.

E as maledicências contra Jorge, alimentadas pela inveja, surgiam, prosperavam e pululavam num satânico pingue-pongue malfazejo, visando o fim do garboso cristão.

Enfim o imperador baixou um decreto com o fito de estourar a religião de Jesus Cristo.

A determinação imperial vinha mais ou menos nos seguintes termos:

Os cristãos são nossos inimigos e inimigos de nossos deuses, portanto, inimigos de Roma. Todos eles são traidores.

Acabaremos com eles, derrubando suas igrejas!

Seus livros serão queimados. Vamos obrigá-los a abjurar o Cristianismo. Todos têm que adorar os deuses pagãos.

Quem teimar em seguir Jesus será morto na arena!

Lido o bombástico edital, os costumeiros mexeriqueiros e bajuladores aplaudiram com exaltação.

Súbito, reinou sepulcral silêncio.

No meio da turba surge, como sempre destemido e imponente, Jorge da Capadócia.

Dirige-se ao imperador:

– Majestade, por que tamanha injustiça contra os seguidores de Jesus? Vossa Majestade sabe muito bem que sempre o servimos com lealdade. Somos perseguidos porque cremos em Jesus Cristo, que é o Deus verdadeiro! O Senhor não percebe que os traidores são aqueles que estão em seu redor, bajulando-o dia e noite?

Diocleciano tinha mesmo grande simpatia por seu jovem general, por isso, falou:

– Jorge, meu filho, se você adorar nossos deuses e abandonar o cristianismo, será amplamente perdoado e ainda mais: participará comigo do império.

– Fico-lhe muito grato, mas nunca trairei os cristãos e o próprio Jesus!

Todos ficaram atônitos com a coragem de Jorge.

Irritado, o imperador ordenou a quatro soldados, que estavam em seu redor, que o atassem numa coluna e o matassem imediatamente, lançando sobre ele suas pesadas e pontiagudas lanças.

Conta-se que as pontudas armas de ferro arremessadas ficaram inutilizadas ao entrarem em contato com o corpo de Jorge e nenhum mal fizeram para ele.

O maior cego é aquele que não quer ver. O tirano, ao invés de reconhecer a maravilha do Céu, bradou:

– Feitiçaria! Ele está enfeitiçado! Levem-no para o calabouço!

Dias e dias o Santo ficou encarcerado sob pesadas correntes.

O cruel e desatinado imperador nutria a esperança de que seu prisioneiro, premido pelos sofrimentos tornar-se-ia apóstata do cristianismo.

Grande ilusão!

Jorge, fortalecido pelas orações, estava cada vez mais firme em sua fé.

Diocleciano tentou, após muitos outros suplícios, matá-lo, mas milagrosamente o "Santo Guerreiro" escapava ileso das bestiais artimanhas.

Numa dessas furiosas arremetidas, a imperatriz, que a tudo assistia indignada, observou:

— Diocleciano, por que maltratas o teu valente general?

— Ele é cristão e traidor...

Cheia duma especial coragem, com certeza vinda dos céus, ela prosseguiu:

— Sabes perfeitamente que Jorge da Capadócia sempre foi fiel a ti e ao Império! Precisas punir os traidores, não entre os cristãos, mas no meio daqueles que te adulam deslavadamente!

Ríspido, o imperador respondeu:

— Não aceito interferência em minhas decisões!

— Diante de tantas crueldades, afirmo bem claramente: Eu também sou cristã!

— Estás condenada à morte!

— A morte não me assusta! Diocleciano, meu marido, matando inocentes, estás cavando a própria sepultura!

Com os cenhos cerrados, César ordenou aos soldados que matassem a própria esposa.

Nesse momento, uma jovem nobre aproximou-se dele e falou essa coisa enorme que o feriu mais do que uma punhalada:

— Pai, eu também sou cristã e não tenho medo de morrer por Jesus Cristo. Mate-me junto com minha mãe!

Desvairado e furioso, Diocleciano privou-se dos seus dois entes mais queridos.

Mãe e filha ajoelharam-se aos pés do Santo que as abençoou em nome de Jesus.

* * *

Finalmente, Deus Todo-Poderoso permitiu que o "Santo Guerreiro" recebesse a coroa do martírio.

Sua decapitação ocorreu em 23 de abril de 303.

Os restos mortais de São Jorge foram transportados para a Líbia, onde foram sepultados e onde, por ordem do imperador cristão Constantino, sucessor de Diocleciano, foi erguido magnificente templo, dando aos fiéis mais uma oportunidade para praticarem sua devoção ao glorioso santo.

A exemplo dos ingleses, muitos outros povos têm demonstrado veneração especial ao Santo Mártir. No Egito, por volta dos séculos IV e V, foram levantadas muitas igrejas e inúmeros conventos em seu louvor.

As famosas cruzadas marchavam confiantes na égide do "Santo Guerreiro".

Frederico III, da Alemanha, visando agradecer milagres recebidos por intercessão do Santo, fundou uma instituição militar denominada "Ordem de São Jorge".

Na França, São Gregório de Tours não se cansava de incentivar fervorosa devoção a São Jorge.

* * *

Santo Afonso

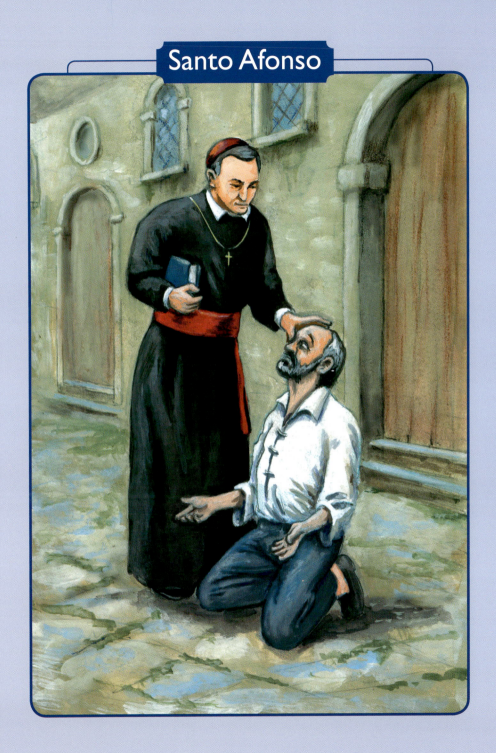

SANTO AFONSO
(1696 – 1787)

Nasceu no dia 27 de setembro de 1696, em Nápoles, Itália.

José de Ligório, seu pai, era almirante da Frota Real de Nápoles.

No dia em que Afonso foi batizado, Francisco de Jerônimo, um missionário com fama de santidade e bastante amigo da família, pegou a criancinha no colo e, cerimoniosamente, numa inflexão especial de voz, revelou: "Este menino terá vida longa... será famoso e santo bispo".

O pai, José de Ligório, ouvia tudo isso estatelado.

Aquelas lancinantes palavras, ditas em tom misterioso e grave por uma pessoa de sua elevada consideração, azedaram seu tão doce e tão risonho dia festivo.

E ele como ficaria?

Certamente A VER NAVIOS!

* * *

Hoje, dia 21 de janeiro de 1713, na grande festa em que seu extraordinário filho recebe o título de DOUTOR EM DIREITO, dissipou-se a terrível profecia.

E o Sr. José, todo felicidade, sorria: Meu filho Afonso, bispo?! Que brincadeira de mau gosto! Ele será, isso sim, o maior advogado do Reino de Nápoles!

* * *

Afonso aprendeu latim, grego e francês; além de poesia, música e desenho.

Dedicava-se especialmente à música.

Quando cursava a universidade, o jovem gostava de, à noite, passar algumas horas na casa dos nobres "Cito", onde praticava o jogo das cartas.

O pai, severo militar, não via com bons olhos esse passatempo, principalmente quando nele eram consumidas horas e horas.

O velho José resolveu pregar uma peça no filho: Penetrou em sua sala de estudos e, retirando da mesa todos os livros, colocou, em seu lugar, as cartas de baralho.

Terminados os jogos, o estudante entrou no quarto.

Em vez de livros viu bem espalhadas as cinquenta e duas cartas do jogo.

Pensou que fosse alguma gozação.

Mas, de repente, apareceu de cara fechada, seu pai:

— Afonso, essa droga de cartas agora são seus livros de estudo? Crie juízo, rapaz! Concentre-se em seus deveres!

E Afonso envergonhado:

— Sim, papai! Não voltarei mais aos baralhos!

* * *

Tendo apenas dezesseis anos, o garotão Afonso, já advogado, tinha defendido sua primeira tese, com desenvoltura e plena aprovação.

Vejamos bem: já advogado com dezesseis anos!

Porém, antes dos vinte, a lei não permitia que o cidadão recebesse o tão almejado diploma.

O que fazer?

Apelou-se para o Rei de Nápoles. Sua Majestade reuniu os conselheiros e, rapidinho chegaram a uma decisão: Afonso não era um qualquer, e diante da sua dedicação e talento deve, apesar de menor de idade, exercer a advocacia.

O Monarca, em 10 de janeiro de 1713, cria o Decreto outorgando ao jovem talentoso o direito de advogar.

Suprema vitória e incontida alegria para o pai, o filho e toda a família.

O Sr. José, antes de mais nada, era um nobre.

Os biógrafos dizem que ele jamais se afastou da disciplina militar: era enérgico, justo e inflexível, além de muito ambicioso.

O jovem de Ligório, bacharel em direito, vivia sob constantes paqueras das senhoritas casadoiras.

A maior ventura para o velho José de Ligório era encontrar um bom casamento para seu filho solteirão cobiçado.

Por causa das marcantes desilusões do mundo, o brilhante advogado só tinha um pensamento: tornar-se clérigo.

Ele gostava da profissão forense que exercia há vários anos com sucesso absoluto.

Entretanto, não se sentia à vontade, pois sabia que, nos balcões dessa repartição pública, eram negociadas, com a maior cara de pau, as justas questões prejudicadas pelas mentiras, pelo sofisma, pelo descaramento...

Tudo isso revoltava os nobres sentimentos de Afonso.

Numa ocasião, ele se dirigiu à Igreja de Nossa Senhora das Mercês.

Aos pés da Virgem, dominado por viva emoção, tirou sua espada de nobre e a depositou sobre o altar, prometendo à Santa deixar o mundo e tornar-se padre.

Uns dizem que Nossa Senhora apareceu-lhe resplandecente, outros dizem que não.

O certo é que, nesse dia, o jovem advogado tomou inquebrantável decisão: vestir o hábito sacerdotal e dedicar toda a sua existência ao serviço de Jesus e Maria.

Foi ordenado padre em 21 de dezembro de 1726.

* * *

Excelente pregador, o jovem padre atraía notável ondada de ouvintes.

Diversos tipos de penitentes procuravam seu confessionário. A todos ele distribuía o melhor de sua atenção, objetivando aliviar as aflições dos mais necessitados.

Se dependesse dele, ficaria quase o dia todo atendendo seu rebanho, mas tinha outros afazeres urgentes e indispensáveis.

Foi pensando nos pastores pobres e nos abandonados moradores das montanhas que Afonso resolveu fundar a Congregação do Santíssimo Redentor.

Pediu conselhos ao Padre Pagano, seu diretor espiritual.

A princípio este sacerdote fez objeções.

Dias depois, concedeu-lhe plena anuência.

Como se tratava de empreitada muito séria, foram ouvidos também o Superior dos Padres da Missão e o Provincial dos Jesuítas.

Todos de acordo.

Foram apresentados os cinco primeiros participantes da Nova Ordem: Mandarini, Mazzini, Januário Sarnelli, João B. Donato e Padre Romano.

Afonso contava também com três seculares, homens de ilibada reputação e de grandes responsabilidades na sociedade; piedosos e de muita fibra: Silvestre Tosquez, experiente advogado; Cesar Sportelli, também respeitável bacharel em Direito e Vitor Curzio.

Quando distribuía as responsabilidades na Ordem, Afonso escalou Vitor Curzio para cozinheiro.

Ao saber de sua nova atividade, o irmão virou uma arara:

— Mas... como?! Eu, administrador dos bens dos Marqueses de Vasco, exercendo uma profissão desse tipo?! Que humilhação! Vocês estão malucos...

E concluiu:

— Vou cair fora!

No dia seguinte, observando que Afonso, nobre, muito mais culto e fundador da Congregação, até lavava banheiros, voltou atrás.

No passar dos tempos, Vitor Curzio tornou-se tão virtuoso que morreu com fama de santidade.

A primeira residência dos missionários redentoristas era muito modesta e notadamente desprovida de qualquer luxo.

No teto o revestimento interno tinha vigas à vista.

Em cima da paupérrima e velha mesa, ligeiramente carcomida, estava uma lamparina de cobre.

Tinha quatro quartos; três deles destinados a dormitórios e um para reuniões.

Havia três camas em cada quarto; elas mais pareciam míseros catres do que confortáveis meios para repouso.

Os colchões, embora reforçados, estavam mal e mal recheados de palha.

O ambiente, embora pobre, era aconchegante, chamando a atenção para artístico nicho com a imagem de Nossa Senhora; afinal o fundador da Congregação era fiel devoto da Virgem Santíssima.

Eis um ligeiro apanhado da primeira casa dos pioneiros redentoristas.

* * *

Numa incompreensível revoada para outras paragens, Afonso, com o coração amargurado pela ingratidão, viu seus companheiros de máxima confiança, abandonarem sua congregação sem plausível justificativa.

Ficaram ao seu lado apenas os leigos Vitor Curzio e Sportelli.

Nessa triste conjuntura, quem lhe deu o máximo de conforto e confiança foi Dom Falcoia que lhe dizia:

— Coragem! Mesmo que você fique sozinho, não desanime, porque Deus está ao seu lado.

O fundador, bom latinista, lembrava o famoso e justo adágio latino: "Amicus certus, in re incerta, cernitur" (O verdadeiro amigo se conhece nas horas difíceis).

Graças aos Céus, a Ordem obteve valioso reforço: Padre Xavier Rossi e Januário Sarnelli.

O padre Xavier, pertencente a uma família nobre, conseguiu a segunda casa para os redentoristas.

Januário Sarnelli, também de família de fidalgos, era oriundo dos famosos, respeitáveis e poderosos barões Sarnelli; deles conseguiu meios para levantar a terceira casa, destinada à florescente Ordem.

Nesse tempo foram realizadas várias e notáveis missões.

Entretanto, como todos nós sabemos, a arma dos desiludidos é a inveja. Alavancados por ela, perniciosos elementos, capitaneados por indignos eclesiásticos, moveram céus e terra para torpedear a recente e tenra instituição redentorista.

Sabiam que a nova Ordem era um lembrete vivo, condenando sua péssima conduta.

Aos poucos esses lobos travestidos de cordeiros foram alcançando seus objetivos, baseados em deslavadas calúnias.

Os religiosos de Afonso perderam a segunda casa.

Perderam a terceira.

Por fim, os detratores dos padres, estimulados por suas maldosas vitórias anteriores, conseguiram afastar os missionários redentoristas.

Para essa finalidade engendraram seus infames planos, usando falsa testemunha duma conhecida e trambiqueira prostituta.

Pessoas exaltadas chegaram a apelar para o confronto físico.

Os homens de Deus tiveram que abandonar Scala, o glorioso berço da Congregação.

Ria-se Satanás.

Porém, Deus Todo-Poderoso mostrou que tarda, mas não falha.

Castigou exemplarmente os principais organizadores dessa diabólica conspiração.

A meretriz que difamara os religiosos teve a língua corroída por terrível chaga, donde saíam vermes. Apavorada e reconhecendo seus erros, a infeliz retratou-se publicamente.

Fato tragicômico ocorreu com um dos mais enraivecidos caluniadores dos padres: Morreu aflito, ladrando que nem cão.

Um tal de Izolda, que gostava de difundir suas difamações por escrito, teve a mão paralisada e morreu louco.

Inúmeros são os fatos assustadores que sucederam após a expulsão injusta dos religiosos.

* * *

Por volta de 1746, o Santo visitou o bom incentivador dos trabalhos redentoristas: O Arcebispo de Conza.

Foi sozinho.

Por modéstia, não se apresentou na portaria, mas anônimo, entrou pela capela, onde ficou algum tempo em oração.

Um neo-sacerdote que trabalhava no palácio do Arcebispo, vendo aquele estranho, quase maltrapilho, teve sérias desconfianças.

Aproximou-se de Afonso dizendo:

— Amigo, você me desculpe, mas preciso fechar a igreja...

E, vendo que o visitante se retirava pacificamente, completou:

— Ontem mesmo roubaram uma bela toalha do altar...

De Ligório percebeu que estava sendo confundido com algum ladrão.

Após ter sido anunciado ao dignitário eclesiástico e observado o carinho com que Afonso era tratado, o jovem clérigo reconheceu o lamentável erro e pediu mil desculpas ao ilustre sacerdote.

* * *

Em novembro de 1756, o fundador dirigiu-se, com catorze companheiros, para Amalfi, onde era muito respeitado por causa de suas pregações acompanhadas de memoráveis prodígios.

Aqui, um deles:

Numa noite, com a catedral apinhada de ouvintes, o Santo, falando de Nossa Senhora, teve o semblante inexplicavelmente iluminado e foi arrebatado em êxtase.

Para pasmo de todos, ergueu-se acima do púlpito, assim ficando durante bons minutos.

Quando o grande pregador saía pela cidade, estava sempre acompanhado de outros padres, para evitar que sua batina fosse transformada em pedacinhos de relíquia.

* * *

Morava em Roma o Padre Tomas Falcoia, com grandes rumores de milagreiro.

Ele almejava doidamente tornar-se mártir nas longínquas missões para as Índias.

Não conseguiu a sonhada permissão, certamente porque era muito jovem.

Um dia, concentrado em longa prece, viu, com os olhos da fé, uma embarcação repleta de passageiros, sendo atirada de um lado para o outro, qual joguete das ondas enfurecidas.

Rogou a Deus que poupasse as vidas dos viajantes e todos foram salvos ante a estranha visão do santo intercessor, Padre Falcoia.

Houve outros admiráveis prodígios em que Deus enaltece seu fiel servo.

Afonso conheceu Falcoia no Colégio dos Chineses.

Tornaram-se grandes amigos.

Ambos cultos. Ambos virtuosos e ambos milagreiros.

Falcoia beirava os setenta anos. Afonso tinha trinta e quatro.

O Imperador Carlos VI nomeou o Santo Ancião, bispo de Castellamare.

Em Nocera, na casa dos redentoristas, até o dia de hoje, é vista uma grande fotografia do bondoso prelado, com os notáveis dizeres: "Se perguntardes por que a imagem de Mons. Falcoia se acha neste lugar, sabei que nos primeiros tempos da Congregação, quando nosso reverendíssimo pai Afonso de Ligório estabeleceu sua grande obra no meio das contradições, Mons. Falcoia foi, constantemente, seu diretor e seu apoio".

* * *

Paulatinamente, os missionários voltaram a granjear a confiança da população.

Em Acquarola, horrível seca apavorava seus habitantes na iminência da perda total da colheita.

Pediram a Afonso que ali pregasse a missão, implorando a ajuda dos Céus.

Ele atendeu e garantiu em nome de Deus que as águas deviam chegar nos próximos três dias, embora não houvesse qualquer indício de precipitação atmosférica.

No terceiro dia, nuvens carregadas se embaralhavam nas alturas.

Afonso prostrou-se por terra, pedindo ao Senhor que não abandonasse os pobres lavradores.

Poucas horas depois, copiosa chuva abençoou as lavouras, descendo sobre elas durante aproximadamente cinco horas sem cessar.

Muitos outros fenômenos ocorreram na quadra em que se realizavam as funções religiosas.

* * *

Na construção do convento dos Filhos de Santo Afonso, solicitado pelo Bispo de Carazzo, Afonso e seus companheiros trabalharam duro nas obras.

No corre-corre dos entusiasmados e rudes trabalhos, uma jovem que ajudava a transportar materiais de construção, sofreu acidente quase fatal, quando um bloco, caindo do alto duma parede, atingiu-a violentamente.

A pobre trabalhadeira, arrojada ao solo, esvaía-se numa poça de sangue.

Todos, impressionados, viam nela um cadáver.

Afonso correu para prestar socorro. Ajoelhou-se ao lado da pobrezinha.

Pediu para que todos o acompanhassem, nas orações. Minutos depois, a mulher abriu os olhos lentamente, como se tivesse vindo de um longo sono.

Afastou de si a perigosa e incômoda peça vinda do alto e, devagarzinho... bem devagarzinho foi se levantando, procurando em seu corpo ferimento que não mais existia.

Afonso já tinha fama de santo perante o povo; com esse prodígio então... Ave, Maria!

Entretanto, conservava-se humilde, calçando seus velhos sapatos e usando sua velha sotaina asseada, mas estrelada de remendos.

* * *

Em novembro de 1732, foi inaugurada, em Scala, a nova Congregação do Santíssimo Salvador.

Tempos depois, o nome foi mudado, pelo Pontífice Bento XIV, para Congregação do Santíssimo Redentor, porque já existia outra Congregação com aquele título.

Foi aventada na Ordem uma ideia estapafúrdia, aparentemente

bem intencionada, mas inviável: os redentoristas, em vez de usarem batina preta, usariam túnica vermelha encimada por um manto azul.

O confrade inovador tentou justificar: "Ficaríamos mais parecidos com Jesus".

*　*　*

Afonso pregava missão em Nápoles, porém residia em Pagani, onde morava Isabel, que, antes da conversão, ganhava a vida transgredindo a lei divina.

Com pena, ele deixava na portaria, mensalmente, um adjutório, tentando livrá-la desse maldito lamaçal.

Findo o mês, Isabel dirigiu-se à porta principal do convento:

— Vim buscar a esmola que costumo receber mensalmente do Padre Afonso.

— Ele viajou e não deixou nada para a senhora.

— Como? Então vou ficar na miséria!

E desatou a chorar...

Resolveu entrar na igreja e pedir proteção à Imaculada Conceição.

Olhando para o confessionário, viu Afonso, que imediatamente deu-lhe o auxílio de que tanto precisava.

Satisfeita, ia sair para casa, mas achou conveniente dar um puxão de orelha no irmão porteiro:

— O senhor é religioso, mas não tem dó dos pobres. Onde se viu gozar com a cara duma pobre mulher como eu?

— O que aconteceu?

— O senhor disse que o Padre Afonso estava em Nápoles, não disse?

— Claro!

— Mentira! Ele está aqui na igreja e deu-me a ajuda do mês.

Abriu a mão, mostrando a esmola costumeira.

O pobre irmão ficou atarantado.

Sabia que o padre missionário estava em Nápoles.

Como podia estar lá e cá ao mesmo tempo?

E o donativo na mão da mendiga?

Correu para contar o estranho acontecimento ao Padre Reitor e aos padres que se achavam nas proximidades.

Depois de interrogar a mulher, minuciosamente, todos chegaram à conclusão de que Afonso, há poucos minutos, estivera aqui no templo.

* * *

Sempre humilde, o Santo, quando elogiado pela fundação da Ordem, respondia:

— A Congregação foi fundada por Deus. Eu fui apenas um cabo de vassoura em suas mãos.

Quanto à cultura necessária para seus confrades, dizia:

— ... onde falta a arte, não haverá senão um pregador insípido e desordenado que, em vez de persuadir e mover o povo, enjoa-o.

* * *

Corria o ano de 1779.

O Vesúvio em sua assustadora erupção, expelindo gases, fragmentos de rocha, massas magmáticas e outras substâncias em altíssima temperatura, além de muitas cinzas e colunas de fumaça, estrondeava imponente e soberano, aterrorizando os pobres moradores, principalmente agricultores que tentavam salvar seus minguados bens.

Muitos perdiam a vida nesse desesperado afã.

Dava pena ouvir alguns retirantes que passavam pela cidade, onde estava D. Afonso:

— As lavas em chamas, parecendo medonhas cobras de fogo, levaram nossas criações, casas e famílias inteiras...

— Só Deus, Nosso Senhor, pode nos socorrer!

— O pior é que o monstro não para...

Nesse momento, formidável estampido, acompanhado de rubras lavas, demonstravam a enormidade da catástrofe.

Algumas pessoas que observavam a incrível cena pela janela, chamavam o Santo, pedindo-lhe que intercedesse junto a Deus.

Parecia que tudo estava perdido!

Também impressionado, o senil religioso aproximou-se da janela.

Concentrou-se em sublime oração.

Depois, traçando lentamente, no rumo do Vesúvio, o Sinal da Redenção, abençoou:

— Eu te abençoo, em nome do Pai e do Filho e do Espírito Santo.

Instantes depois, como se submetendo à voz firme do Homem de Deus, o vulcão foi se aquietando... aquietando... deixando após si grossas colunas de fumaça.

Encantado, o povo quis beijar as venerandas mãos do Santo; humilde, ele solicitou:

— Por caridade, levem-me para minha cela!

* * *

Os redentoristas eram vítimas constantes de caluniadores fanáticos, de inescrupulosos inimigos da Igreja e o pior: do próprio colérico Ministro Tanucci, o qual, em seu desbragado ódio para com os missionários redentoristas, os apelidou de jesuítas disfarçardos.

Era por volta de 1761, quando os missionários se instalaram em Sicília.

Foram acolhidos pelo bispo de Girgenti que lhes cedeu pequena casa.

Mais tarde, os incansáveis filhos do mal planejaram torpedear a Congregação, denunciando-a, sob a alegação de ali permanecer sem a expressa autorização do Palácio Regente.

Alertado por seu amigo palaciano, o fundador determinou que seus comandados abandonassem imediatamente o local.

Com os olhos rasos de lágrimas, o bispo de Girgenti falou aos religiosos:

— Adeus, meus bons amigos! Estejam certos duma coisa: vocês voltarão, mesmo que eu, para isso, tenha que vender minha mitra e meu báculo!

Serenados os ânimos, os missionários voltaram três anos depois.

* * *

Estar em êxtase, já não era mais acontecimento fantástico na vida do Santo.

Numa tardezinha, um padre ao visitar o Santo Homem, falou-lhe, inclinando-se bastante, para melhor ser ouvido:

— Monsenhor, faça um ato de amor a Jesus!

Ditas essas palavras, o Homem de Deus foi arrebatado, subindo como pena e atingiu o rosto do visitante.

* * *

Ao receber a notícia de sua nomeação para bispo, Afonso fez de tudo para fugir dessa honraria.

Alegou idade avançada.

Alegou estar muito doente.

Alegou que fizera, perante seus confrades, o voto de não aceitar qualquer dignidade.

A todas essas ponderações, o Papa fez ouvidos moucos.

Dias após as solenidades da posse episcopal, Afonso foi acometido de altíssimas febres que, por pouco, não o levaram ao óbito.

Sua Santidade soube de tudo, mas manteve-se irredutível.

Ser bispo de Santa Águeda era o sonho de vários pretendentes; havia mais de cinquenta; muitos apoiados pela corte. Até mesmo o Arcebispo estava na fila.

Mas Sua Santidade achava que nenhum deles estava à altura do cargo.

De Ligório, inconsolável, de vez em quando murmurava:

— É castigo de Deus. Vou deixar minha querida Congregação, porque Deus assim o quer!

Chegando a Roma, encontrou-se com o Pontífice Clemente XIII. Atirou-se-lhe aos pés, implorando a renúncia. O Papa o levantou, dizendo:

— A obediência faz milagres e Deus vai lhe dar forças para cumprir sua missão. Confie no Senhor!

A pedido de alguns superiores redentoristas, dias depois, Clemente concedeu ao Santo o cargo de Reitor Maior, na Congregação do Santíssimo Redentor.

* * *

Santo Afonso costumava asseverar:

— Quem reza se salva, quem não reza se condena.

E acrescentava:

— Quem se descuida da oração, nada pode fazer de bom. Todos os bens que temos, vêm da oração.

* * *

Dom Afonso, já sob o peso da idade e da implacável doença que praticamente o deformara, operou importante milagre da bilocação.

Sentado em seus aposentos, imóvel, como se estivesse em êxtase, assistiu à morte do Papa Clemente XIV, ocorrida em 22 de setembro de 1774, às sete horas.

Ao abrir os olhos, na presença de várias pessoas, o idoso bispo fala com bondade:

— Meus filhinhos, há poucos instantes eu estava em Roma, assistindo à morte do Papa Clemente XIV, ocorrida hoje, às sete horas.

É bom lembrar que naqueles tempos não existia telégrafo, nem rádio nem televisão...

Devido ao grande respeito que todos tinham para com o santo ancião, ninguém se atreveu a falar, contradizendo-o.

Pouco distante dali, o comentário era um só:

— Pobre velhinho... só pode estar caducando! Onde se viu uma pessoa estar aqui e em Roma ao mesmo tempo?

Não era caduquice, não!

Logo depois chegou a notícia, dando conta de que Clemente XIV tinha morrido exatamente na data e hora informadas.

Clemente XIV é aquele Pontífice que, sob as terríveis ameaças dos reis católicos da Europa (Espanha, Portugal, Nápoles, Veneza, Parma e França), não teve alternativa, senão assinar o breve "Dominus ac Redemptor", extinguindo a Companhia de Jesus.

Realmente ele estava na ponta dum dilema: enfrentar a fúria das potências europeias ou ceder e banir a Companhia que havia sido o braço direito dos papas anteriores.

Durante três longos anos, tentou protelar a sua decisão.

Deram-lhe um ultimato: ou cede ou surgirá monstruosa cisão, além da invasão do território e de outras calamidades.

Poderia ele expor a Igreja ao cisma e às outras catastróficas ameaças?

Cedeu.

Era 21 de julho de 1773.

Em consequência dessa forçada atitude, Clemente tornou-se um papa casmurro e melancólico.

Chegou a comentar: "essa supressão será a causa da minha morte".

Na realidade, o anjo da morte não demorou a levá-lo.

Afonso era muito amigo de Sua Santidade e também dos jesuítas. Um dia, ele, o Santo, afirmou em tom profético: "Pobre papa... Que poderia fazer nas penosas circunstâncias em que se achou, quando todas as coroas se uniram para exigirem a supressão da Companhia de Jesus? Só podemos adorar em silêncio os secretos juízes de Deus; e, todavia, não temo dizer que apesar das aparências, se restasse no mundo um só jesuíta, esse último sobrevivente bastaria para restabelecer a Companhia".

* * *

O novo bispo era duma simplicidade a toda prova.

Tinha duas cruzes peitorais: uma de latão dourado e a outra de prata, também dourada, para maiores cerimônias.

No anel, a grande pedra faiscava raios de luz.

Bem humorado, D. Afonso contava a sua estranha origem: "Esse anel fez sucesso em Roma, entretanto ninguém ficou sabendo que eu quebrei minha mais bela garrafa para lapidar esse lindo brilhante".

* * *

Em 1767, o Homem de Deus é vitimado por violentíssima artrite deformante, com febres e dores ciáticas.

Sua cabeça inclinada sobre o peito abriu-lhe, na epiderme, chagas, causando-lhe muito incômodo.

A resignação do Santo lembra trecho da vida de São Lourenço, quando, sobre a grelha ardente, perante seu algoz, brincava:

— Pode virar-me para o outro lado, este aqui já está bem assado.

* * *

Nosso bispo não queria ver seus visitantes preocupados e tristes, por isso procurava distraí-los.

Para um padre que perguntou se ele dormia de noite, respondeu:

— De dia espanto as moscas e de noite caço caranguejos.

Um escritor do seu tempo afirmou: "O que Afonso faz sozinho, cem bispos não teriam feito, considerando-se a péssima disposição de seu organismo".

Algum tempo depois, D. Afonso tornou a pedir renúncia ao Pontífice que lhe deu esta memorável resposta: "Basta a sua sombra para governar uma diocese".

Ao Papa Clemente XIV, D. Afonso, expondo a situação precária de sua saúde, perguntou se não seria melhor passar seu cargo para outra pessoa mais ativa.

Clemente retrucou:

— Contento-me que governe da cama a sua diocese, pois pode fazer mais bem sua oração do que outros percorrendo mais vezes a diocese.

* * *

Dom Afonso, o grande amigo dos sofredores e desamparados, encontrou-se com um pobrezinho.

Chamava-se Miguel Brancia.

O coitadinho, além das agruras da vida, causadas pela falta de recursos, ainda era privado da visão.

Debalde os médicos tentaram aliviar seu pesadelo.

Continuava cego do mesmo jeito.

Sabendo da chegada do Homem de Deus, Brancia pediu, em altos brados, que tivesse pena dele.

O religioso apiedou-se do ceguinho e, fazendo sobre ele o sinal da cruz, devolveu-lhe a visão.

* * *

Idoso e tendo dificuldades para a leitura, o Santo pôs à disposição do Padre Maione, Consultor Geral da Ordem e pessoa de sua maior confiança, alguns papéis assinados em branco.

Esse elemento, embora sacerdote e Consultor da Ordem, transformou-se num autêntico "cavalo de troia" para a Congregação, causando lágrimas e muitas amarguras ao seu fundador que, inconsolável, dizia:

— Destruíram a minha Regra! Enganaram-me!

E, mais adiante:

— Se a gente não pode confiar no confessor, a quem vai recorrer?

Ainda aflito falou:

— Eu mereceria ser preso à cauda de um cavalo e arrastado pela cidade, desfeito em mil pedaços. Na qualidade de Reitor-Mor, tinha a obrigação de ler, eu mesmo, esse regulamento...

E, finalizou, soluçando:

— Vós sabeis: custa-me tanto ler algumas linhas...

Naquela época, havia perigosa desconfiança entre os poderes de Roma e de Nápoles.

Maldosos fuxicos, quiçá oriundos de algum papel assinado em branco pelo senil religioso, circulavam na Cidade Eterna.

Cerceado por esse documento, o Santo Padre declarou: "Sabemos que Afonso é um santo e que sempre foi muito afeiçoado ao Papa, mas nessa circunstância não demonstrou tal".

* * *

Afonso foi condenado pela Sagrada Congregação, em 1781, à expulsão da Ordem que tanto amava.

Entretanto, ele e muitos confrades fiéis a ele, propugnavam pelo esclarecimento do mal-entendido.

* * *

Em 1765, foi realizado o Capítulo constituído por vinte homens tarimbados e bem traquejados nas missões evangelizadoras.

Era presidido por Afonso e secretariado pelo Padre Cajone.

No mesmo ano, o presidente do Capítulo, com o apoio da grande maioria, dirigiu a toda a Congregação, uma circular que demonstra quão rigorosas eram as ordens expedidas: "Meus caríssimos irmãos em Jesus Cristo, ouço, com dor, que o espírito de fervor decai entre vós. Admoesto-vos a que fiqueis alertas porque, enquanto eu viver, não permitirei nenhum relaxamento na observância.

Parece que a pobreza e a mortificação não agradam a todos. Entramos na Congregação para nela termos descanso e comodidades? Parece também que se faz pouco caso da obediência aos superiores. Sabei que sem a obediência está acabada a Congregação. Sem a obediência um convento é um foco de inquietações, discórdias e pecados. Chamei o Padre Vigário e disse-lhe que, de defeitos graves e notáveis, eu quero ser advertido. Nesse caso serão infringidas ao delinquente penitências graves e, se não se corrigir, será expulso.

A Congregação não tem necessidade de muitos membros, mas de congregados que queiram ser santos; e basta que fiquem apenas dez que amam a Deus verdadeiramente; ou pagaremos com ingratidão os brilhantes favores que Deus concedeu ao nosso Instituto, ou queremos, como tantos outros, escandalizar a Igreja em vez de edificar?".

* * *

Em 1793, houve um Capítulo Geral, onde o Servo de Deus foi confirmado Reitor-Maior da Congregação do Santíssimo Redentor.

* * *

Santo Afonso tinha especial carinho para com Jesus Sacramentado, chegando a comentar:

— Eu prefiro ficar alguns minutos junto a Jesus Sacramentado a passar horas e horas assistindo a um espetáculo.

E arrematava:

— Tenho inveja das flores que dia e noite fazem companhia a Jesus no altar.

* * *

O Fundador da Congregação era um escritor incansável na divulgação das Glórias de Nossa Senhora, que era estabanadamente atacada de todas as formas por Jansênio, Arnauld, Quernel, Voltaire e outros.

Entre todos os que exaltavam a Mãe de Deus, ninguém pode se comparar com esse grande devoto e propagador de suas maravilhas.

São Boaventura afirmava: "Todos aqueles que se empenham em divulgar as glórias da Virgem Santíssima, têm o Céu assegurado".

Em sua longa vida, o Santo escreveu mais de cem títulos.

Na elaboração de sua principal obra *As Glórias de Maria*, com justiça cognominada Livro de Ouro, consumiu dez anos.

Nesse trabalho, o assíduo devoto de Nossa Senhora a defende contra a fúria insana dos protestantes que a consideram uma mulher qualquer, negando-lhe a participação extraordinária na salvação da cristandade.

No livro *As Glórias de Maria*, Afonso propugna pelos privilégios marianos entre os quais esses dois, hoje, dogmas de fé: "A Imaculada Conceição e a Assunção de Maria ao céu em corpo e alma".

Escreveu também, com ótima receptividade popular: *O Natal, As meditações em honra de São José, A história das heresias, O grande meio da Oração, Preparação para a morte* e muitas e muitas outras obras.

Seu livro *Visitas ao Santíssimo Sacramento* teve fantástica procura, perdendo apenas — afirmam os biógrafos — para o famosíssimo *Imitação de Cristo*.

Os jansenistas ardilosamente imiscuídos entre os católicos, pretendiam destruir a Igreja.

Não foi à toa que um famoso magistrado francês escreveu: "O jansenismo é a heresia mais sutil que o demônio jamais teceu. Viram que os protestantes, separando-se da Igreja, condenaram-se a si mesmos... Simulando total obediência às leis eclesiásticas, infiltraram-se nas hostes católicas, como quem não quer nada".

Lutero e Calvino tiveram o desplante de proclamarem como idolatria o sagrado culto à Mãe de Jesus.

Urgia a existência de um vassalo destemido e muito competente para o esquadrão de Cristo.

Afonso desempenhou seu papel com extraordinária maestria, publicando seu precioso livro *As Glórias de Maria*, onde combate as investidas contra as prerrogativas da Mãe de Deus.

* * *

Depois de alguns dias atormentado por terríveis escrúpulos, Afonso teve morte tranquila e muito serena.

O Padre Criscuoli fez a seguinte narração:

"Na véspera de sua morte, pelas sete horas da noite, fomos testemunhas, eu e meus companheiros, de um fato que nos fez pasmar. Durante a agonia, o Servo de Deus abriu de repente os olhos e fixou-os na imagem da Santíssima Virgem: vimos, nesse momento, seu rosto corar-se e inflamar-se; os olhos pareciam saltar-se das órbitas, atraídos por um ímã irresistível e ao mesmo tempo um sorriso celeste iluminou toda a sua fisionomia.

Ele parecia fora de si e como arrebatado para a Virgem Santíssima.

Esse êxtase durou cerca de um quarto de hora e nós acreditamos que, nesse momento, a Virgem lhe apareceu para convidá-lo ao paraíso. O Santo recaíra em seu estado de prostração, os olhos cerrados e a face descolorida; alguns minutos depois os olhos tornaram-se-lhe a abrir e fixaram-se numa segunda vez na imagem de Maria. A sua face iluminou--se ainda, os olhos animaram-se e o sorriso alegre do êxtase desenhou-se em seu vulto. Isso durou menos que a primeira vez.

No dia primeiro de agosto, o Santo ancião, assistido por seus confrades, exalou o último suspiro, ostentando um rosto repleto de felicidade".

* * *

Logo após a morte do Santo, Deus mesmo se incumbiu de propalar a santidade de seu servo, através dum anjo morador aqui na Terra.

Com apenas um ano e poucos meses, José Fusco, depois de alguns dias com febres altíssimas, agonizava em seu berço de dor.

O definhamento desse bebê, caminhando lentamente para a morte, faria chorar até as pedras.

Uma tia sua, mulher arrojada, sabendo que o santo missionário acabava de morrer, pegou a criancinha no colo e, juntamente com a mãe, debulhada em lágrimas, dirigiu-se para onde estava o cadáver de Santo Afonso.

Em lá chegando, implorou ao Irmão Romito que tocasse o garotinho no rosto do falecido.

Perdidamente emocionado, o religioso concordou com as mulheres e encostou o nenezinho na face do Santo.

Coisa admirável: No mesmo instante o menininho recuperou as cores saudáveis, reanimou-se e voltou andando para casa.

No dia seguinte, o Padre Caetano Fusco, tio da criancinha, mostrou-lhe um retrato do venerando ancião:

— Zezinho, você sabe quem é este aqui?

— É Afonso!

— Que Afonso?

— Afonso no Céu... O Santo no Céu...

Interessante é que o Zezinho mal sabia pronunciar algumas palavras; jamais tinha observado a imagem de Afonso.

Para melhor testar o prodígio, o tio mostrou novamente a mesma moldura, porém com pessoa diferente.

E o garotinho gritou:

— Não é ele! Não é ele!

Retornando a imagem do Santo ao quadro, Zezinho exultou feliz e, beijando o retrato, repetiu as mesmas palavras:

— Afonso no Céu! O Santo no Céu!

Poucos dias após a morte de Santo Afonso, os fiéis, especialmente os fiéis napolitanos, ficaram encantados com os numerosos milagres operados pela intercessão do Santo, que entrou notadamente no processo de beatificação.

O Padre Francisco Otaviano era tuberculoso há vários anos. Tuberculose, naqueles tempos, era uma das moléstias mais temidas; uma doença infecto-contagiosa grave, que às vezes ataca muitos órgãos e aparelhos.

Age sorrateiramente.

Causa rápido emagrecimento, tosse seca, vômitos, febres; em suma: é um passo cruciante e fatal para a cova.

O pobre religioso estava desenganado pela ciência.

Sua magreza era tanta que lhe dava o aspecto dum cadáver ambulante.

Nesse grande aperto, o Padre Francisco lembrou-se dos milagres atribuídos à intercessão de Santo Afonso e rezou com muita fé:

— Ó meu querido Santo Afonso, veja em que estado horrível eu me encontro... sou até motivo de repulsa dos amigos!

E prometeu:

— Se eu sarar, depositarei todos os anos, em seu túmulo, uma grande vela de cera!

Após a fervorosa oração, adormeceu.

Acordou poucas horas depois.

Ficou maravilhado!

Sumiram as febres, as dores, a falta de ar, as tosses... tudo o que o infelicitava desapareceu.

* * *

Vamos relatar outros acontecimentos extraordinários, não explicados pela natureza e que fazem parte do processo de canonização do Santo:

Antônia Tarzia, moradora em Catanzaro, onde possuía um celeiro e levava sua vida despreocupada e boa, senão quando, ao transportar um saco de sessenta quilos, despencou da escada, ficando sob o pesadíssimo fardo.

A pobrezinha, toda em sangue, lembrava uma caça surpreendida por cruel armadilha preparada pelos caçadores.

Todos ficaram pasmados ao ver Antônia viva após tão grave acidente.

Nesse dia, dois de agosto, os católicos festejam a ascensão do Bem-aventurado Afonso Maria de Ligório à veneração popular recomendada pela Igreja.

O esposo de Tarzia, de joelhos, fervorosamente prometeu:

— Meu Santo Afonso, caso minha mulher sare, prometo um saco de trigo para os pobres, em seu nome.

Naquela época, era venerada na Igreja de Catanzaro, uma imagem de Santo Afonso constantemente iluminada por uma lâmpada abastecida com azeite.

Uma boa amiga de Antônia encharcou um pedaço de tecido nesse óleo e levou para a enferma, recomendando muita fé e confiança no grande Santo Afonso.

Um padre deu a absolvição à doente e rezou a derradeira reza.

Catarina Billota, a boa amiga de Tarzia, sempre ao seu lado, orava em altas vozes enquanto fazia massagens com o óleo trazido de junto da imagem.

Súbito, a acidentada vê, ao lado da cama, a figura de um bispo.

Estava paramentado e fez três vezes o sinal da cruz sobre ela.

Sentindo-se saudável, Antônia, sem precisar de ajuda, sentou-se na cama e falou com voz firme e forte:

— Santo Afonso veio me visitar e curou-me.

Examinada pelos médicos, constatou-se que ela estava perfeitamente sã.

Sem ferimento.

Sem dores.

Sem fraturas.

* * *

Afonso, o amigão de Jesus e Maria, foi beatificado pelo Pontífice Pio VII em 1816.

Em 26 de maio de 1839, na Basílica Vaticana, foi canonizado pelo Papa Gregório XVI.

O Papa Pio IX, em 1871, baseado na inspirada e corajosa doutrina do Santo e nos incontáveis livros escritos por ele, declara-o Doutor da Igreja.

* * *

Durante o processo de canonização de Santo Afonso, houve um fato curioso:

De um lado estava o defensor "Advocatus Dei" (Advogado de Deus), do outro lado, o procurador chamado "Advocatus Diaboli", incumbido de apresentar tudo o que o candidato a santo fez de errado e dificultar sua ascensão aos altares.

O Advogado do Diabo investiu:

— Afonso não pode ser canonizado porque tomava rapé!

— E daí?

Perguntou a defesa.

— Daí ele abreviou a sua vida.

— Como pode ter abreviado sua vida, se viveu mais de noventa anos?

Silêncio.

Intervenção feliz da defesa!

* * *

Em 28 de outubro de 1894, os padres redentoristas, vindos da Baviera, fundaram a Província de São Paulo, iniciando suas atividades na então pequenina cidade Aparecida.

Hoje, a Congregação do Santíssimo Redentor, fundada por Santo Afonso Maria de Ligório, é uma força viva e pujante, formada por milhares e milhares de membros professos espalhados pelo mundo inteiro.

As missões populares, conhecidas em todo o Brasil, são o forte da Congregação.

* * *

São Roque

SÃO ROQUE
(1295 – 1327)

Nasceu em Montpellier, na França.

Era filho de família nobre.

Seu pai chamava-se João Rog e sua mãe, Libéria (Libera).

Com a idade de vinte anos, perdeu seu genitor que, antes de falecer, aconselhou ternamente Roque: "Filho querido, imita sempre Nosso Senhor Jesus Cristo. Sê caridoso e compassivo para com os pobres, as viúvas e os órfãos; administra bem tua herança; visita com frequência os lugares de piedade, principalmente os hospitais, onde estão os sofredores, membros de Cristo".

Seguindo à risca as orientações de Jesus e de seu amado pai, o Santo vendeu seus bens móveis para ajudar os necessitados. As propriedades imóveis ficaram aos cuidados de seu tio Bartolomeu.

Vestiu as vestes de penitente e, pegando seu cajado, partiu para longínquas paragens, com o fito primordial de fazer o bem ao próximo.

Mais ou menos 100 quilômetros de Roma, na cidade chamada Aquapendente, encontrou-se com horrendo monstro.

Pior que a fera fantástica da mitologia e da lenda.

Aquela era tangível, esta, insidiosa e fatal. Enquanto aquela se contentava em devorar uma vítima por vez; esta, em sua fúria destruidora, deixava as cidades e os campos com tantos cadáveres, que às vezes era impossível realizar sepultamentos individuais; usava-se a vala comum.

Roque deparou-se com a Peste Negra.

Mas ele não se intimidou.

Em nome de Deus, usando suas eficientes armas: o trabalho, a caridade, as orações e seus admiráveis prodígios, não eliminou totalmente o mal, mas, por onde passava, abrandava o avanço da peste e transmitia grandes esperanças baseadas nas notáveis curas.

Quando, enfim, o surto da peste amainou, ele continuou sua peregrinação, caminhando ao encontro de novos enfermos.

Chegando a Piacenza, ele próprio foi contagiado pela terrível moléstia que, tantas e tantas vezes, o ameaçara e somente não o atingira por especial proteção divina.

A lenda nos conta que, para não contagiar outras pessoas, Roque se refugiou numa tapera no âmago duma floresta, onde conheceu um cão.

O belo e providencial cachorro, todos os dias, trazia-lhe um pão tirado da mesa do seu rico dono, senhor Gottard Pollastrelli.

A Divina Providência fez com que, nas proximidades do casebre abandonado onde Roque dormia, surgisse uma fonte de água límpida.

* * *

Consideremos quão grande era o amor do Santo pelo Divino Mestre, trocando o confortável castelo de seu pai por uma pobre choupana inóspita, tétrica, quase agressiva...

* * *

Numa ocasião, o senhor Gottard, cheio de curiosidades, seguiu as pegadas de seu cão e chegou, surpreso, à humílima habitação do Santo.

Aquilatando as grandes virtudes do Homem de Deus, Pollastrelli converteu-se. Deixou sua vida de orgias e se tornou venerável penitente.

Tempos depois, miraculosamente curado, Roque voltou a Montpellier.

Não foi reconhecido nem mesmo pelo seu próprio tio.

Julgado como espião, ficou preso durante anos. Morreu na qualidade de prisioneiro.

Foi reconhecido e venerado logo após sua morte, por causa da cruz que tinha gravada no peito e também pelos inúmeros prodígios que surgiram sob a invocação de seu nome.

* * *

São Roque operou notável milagre póstumo, curando seu carcereiro Justino; vendo o Santo imóvel, o Justino, que era coxo, quis verificar se ele estava realmente morto.

Tocou-lhe com a perna que claudicava. Imediatamente este seu membro ficou perfeitamente curado.

Nosso grande santo protetor contra as epidemias pertenceu à Ordem dos Franciscanos.

É invocado especialmente em casos de varíola e cólera.

No Brasil, no candomblé, é identificado como Omulu e Ogum.

Os veneráveis restos mortais de São Roque, ainda hoje, estão bem protegidos sobre o altar-mor da sua igreja, em Veneza.

* * *

São Clemente

SÃO CLEMENTE

João Hofbauer nasceu em Tasswitz, na Alemanha, em 1751.
Era descendente de família humilde, mas fiel aos ensinamentos de Jesus.
Os tempos eram bicudos para a vida religiosa.

João tornou-se eremita e recebeu do bispo outro nome: Clemente, o qual conservou até a hora da morte.

Para ganhar a vida, diante de tanta perseguição às vocações religiosas, exerceu em Viena o ofício de padeiro, estranha atividade para um homem preparado e estudioso como ele.

Sério, esforçado e competente, alcançou as boas graças do patrão que lhe ofereceu a filha em casamento.

Com muito jeito, o jovem procurou esclarecer ao proprietário da panificadora o seu interesse pela vida católica.

* * *

Vamos narrar um fato tragicômico ocorrido com nosso herói:
Clemente é um jovem de 25 anos.
Aparenta ser um capuchinho, pois veste hábito castanho.
Uma senhorita de dezoito anos, Clara Kurzmann, toma-o como seu confidente.

Ela tinha obstinado desejo: ser freira, isto na contramão dos conceitos daqueles tempos na Áustria, país então avesso à vida monástica.

Hofbauer resolve ir em peregrinação a Roma, onde poderia arranjar um mosteiro que pudesse abrigar sua confidente.

A moça ficou felicíssima em participar do grupo formado por Hofbauer, ela mais dois companheiros.

Surgem os obstáculos.

O primeiro e mais grave: Ela não tinha passaporte.

Convém observar que faltavam nove anos para Clemente ser ordenado padre.

Ingênuo, o confidente sugeriu que ela viajasse disfarçada de homem para evitar maiores complicações.

Em Roma, perceberam a burrada que estavam fazendo mediante tal disfarce.

Porém Clara, mais teimosa que uma mula, começou a azucrinar as vidas dos pobres peregrinos.

Travou-se antipático e improfícuo bate-boca:

— Clara, as coisas não estão dando certo...

— Ó Clemente, que posso fazer?

— Tirar essa doida fantasia e voltarmos para nosso canto, em Viena.

— Não senhor... eu volto somente vestida de homem!

— Não seja cabeçuda, mulher... Enganando a polícia, nós podemos até ir para a cadeia... Outra coisa: Acabou nosso dinheiro e precisamos correr o chapéu nas ruas...

— Mendigar?! Isso nunca!

— Você não quer usar trajes femininos... Não quer pedir ajuda... Então está dispensada da nossa companhia!

— Verdade? Amanhã cedo, vou-me embora sozinha...

O eremita, dum gênio arrebatado, berrou:

— É um grande favor!

No dia seguinte, a candidata à freira iniciou, sozinha, seu regresso para a Áustria.

***

Hofbauer foi ordenado padre com 34 anos.

Tornou-se missionário redentorista e foi designado para trabalhar na Polônia, onde foi muito desprezado, porque parte deste país fora conquistada pela Alemanha, sua terra natal.

Fundou escolas inteiramente gratuitas para os filhos dos poloneses, russos e alemães. Seus estabelecimentos de ensino e orfanatos iam às mil maravilhas, entretanto, o governo, movido pela inveja do sucesso alcançado por um religioso alemão, fez de tudo para destruir as boas obras, ao invés de colaborar.

Finalmente, o Santo foi forçado a abandoná-las, juntamente com seus protegidos.

Isso ocorreu em Triberg, Jestetten, São Beno, Babenhausen...

Mas, conformado com a vontade divina, escreveu aos seus companheiros:

"Coragem! É Deus que tudo dirige; nesta situação, sem esperança, eu mesmo me entrego inteiramente à sua vontade."

E, ao ser expulso da Polônia: "Deus não nos quer aqui".

* * *

Não fossem a persistência, a determinação e as grandes outras virtudes de São Clemente, enfrentando terríveis perseguições, deslavadas calúnias e o ódio dos inimigos da Igreja, a Congregação do Santíssimo Redentor não estaria espalhada pelo mundo inteiro, como hoje está.

* * *

Visando quebrar a unidade da Igreja, surgiram campanhas do livre-pensamento e da Revolução Francesa.

Napoleão, menosprezando o castigo de Deus e com o objetivo de sujeitar a autoridade eclesiástica ao Estado, enviou suas tropas para a Cidade Eterna.

Audacioso e induzido por insaciável ganância de poder, executa estas incríveis barbaridades contra o Sucessor de São Pedro:

Surripia-lhe os direitos.

Prende-o.

Sequestra-o.

* * *

Hofbauer tinha fama de "pavio curto".

Que gênio explosivo!

Entretanto, quando se tratava de conciliar as almas com Deus, era duma paciência extraordinária.

Nas ocasiões em que era chamado para atender doentes, preferia ir a pé, conseguindo, assim, precioso tempo para rezar o Rosário.

Costumava dizer:

— Rezando antes o Terço, era quase impossível o doente se recusar a receber os últimos sacramentos.

Numa noite abafada, escura como um breu, típica daquelas noites que nos causam desânimo e canseira, encaminhou-se à residência dum enfermo, classe alta, mas inimigo da religião.

Ao ver o religioso, foi logo "soltando os cachorros":

— O que o senhor quer aqui na minha casa?

— Vim ajudá-lo a fazer a importante viagem para a eternidade...

— Eu o chamei, por acaso?

— Não.

— Então, fora! Fora daqui!

Clemente ia saindo, mas parou na porta.

— O que está esperando? Por que não vai embora?

— Todos nós sabemos que seu fim não está longe... e eu gostaria de ver como morre um condenado!

Estas palavras atingiram o doente, tido e havido como durão...

Depois de breve pausa, soluçando, o ímpio falou:

— Padre, o senhor pode me perdoar?

O Homem de Deus tenta socorrê-lo. Mostra-lhe a imagem de Jesus Crucificado, rezando juntos as últimas orações.

O enfermo arrependido chora emocionado.

Assim, morre o cristão que parecia tão empedernido.

* * *

São Clemente foi confessor e guia de pobres, de ricos, de pessoas famosas, de professores universitários, de renomados escritores, de artistas, de gente da nobreza e de bispos; até mesmo do príncipe herdeiro, mais tarde Rei Luís da Baviera.

O Santo acalentava enorme devoção e amor para com a Mãe de Jesus; por isso, passou a firmar seu nome seguido de Maria. Assinava: Clemente Maria.

Em São Beno (Varsóvia), quando se esforçava para manter seu orfanato, resolveu sair pessoalmente às ruas, pedindo ajuda para as crianças desamparadas.

Envergando a surrada sotaina preta, colarinho branco, tendo na cintura o longo e inseparável Rosário, parou diante dum boteco.

Ali notava-se alegre aglomeração de pessoas despreocupadas, bebericando e soltando boas gargalhadas.

Não vacilou.

Aproximou-se dos risonhos frequentadores e, tirando o chapéu, pediu:

— Senhores, peço-lhes, em nome de Deus, uma ajuda para dezenas de crianças do orfanato...

Não pôde concluir seu pedido, porque um sujeito aproximou-se dele e, limpando a garganta, desferiu-lhe repulsiva escarrada em pleno rosto.

Clemente pegou o lenço, limpou a face e, serenamente, falou:

— Isso foi para mim... Arranjem alguma coisa para as crianças.

Consta que o homem violento ficou tão desconcertado que mandou boa ajuda financeira para o orfanato e se tornou grande amigo do religioso.

* * *

Após a morte, o corpo de São Clemente Maria Hofbauer foi carregado triunfalmente pelas ruas de Viena. (Notem a ironia: Foi assim homenageado na mesma Viena onde fora tantas vezes humilhado!)

A inesperada multidão desfilava junto ao ataúde, empunhando velas acesas, vindas não se sabe de onde.

Clemente Maria Hofbauer, também chamado O Apóstolo de Viena, foi elevado aos altares, em 1909, pelo Papa Pio X.

* * *

São Bernardino

SÃO BERNARDINO

Vivia numa aldeia populosa, mas pobre, da Europa, no início do século XV, mais precisamente, em 1420, um religioso franciscano, cuja oratória eloquente e arrebatadora tornou-se famosa em toda a Itália.

Seu nome: Bernardino.

Austero para com os desalmados poderosos e malfeitores, que cognominava de "abutres nefandos", era jovial e afável para com os humildes. Sentia-se muito bem ao lado de camponeses modestos, de caráter sincero e puro.

Era duramente atacado por aqueles que preferiam a libertinagem, tendo no franciscano grande empecilho: um lembrete vivo de que trilhavam a senda do mal.

Entre os antipatizantes do Homem de Deus, estava o próprio alcaide.

Mas a vida tem suas reviravoltas.

Num dia, logo cedinho, quando o sol dardejava seus primeiros raios dourados sobre a Terra, qual gênio benfazejo que ilumina e aquece, este homem, autoridade máxima da província, viu seu adorável primogênito, de apenas quatro aninhos, agonizando. Tomou-o nos braços e notou que o corpo do pobrezinho se contorcia todo em violenta convulsão.

Era consequência de uma febre altíssima.

Estatelado como fera baleada em ponto mortal, o senhor prefeito deixou-se cair de joelhos no chão, e rezou com fervor, pedindo que Deus Pai Todo-Poderoso salvasse a vida do seu filhinho... que levasse a própria vida... que a Virgem Maria o socorresse, porque ia mudar de vida!

Nesse meio tempo, a velha criada, pessoa de muita confiança na família, pegou o menino e carinhosamente o mergulhou num caprichado banho de água tépida.

Minutos depois, passada a febre violenta — como passa o temporal assustador — o pequerrucho voltou ao normal.

Dias depois, cumprindo sua promessa, o senhor alcaide voltou a frequentar a Casa de Deus.

Tornou-se amigo número um de Bernardino.

Três anos após, resolveu dar um encantador presente ao religioso. Ofereceu-lhe aquilo que era mais cobiçado naquelas paragens.

Ofereceu-lhe sua magnífica montaria: seu animal de estimação.

Fogoso e cheio de garbo, aquele ardente cavalo de estirpe árabe era o orgulho do senhor alcaide.

Bernardino recusou energicamente:

— Meu Deus, como poderei visitar meus paroquianos em tamanho luxo?

Mas, diante da espontaneidade e insistência do amigo, não teve outra saída: acabou aceitando.

E, para demonstrar apreço ao especial presente, o franciscano fez suas longas viagens pastorais regiamente montado.

Certo dia, à tardezinha, terminando sua tarefa, o religioso apeou-se do soberbo animal, junto dum aldeão, seu velho amigo.

O chegadiço tinha o semblante carregado, o que causou estranheza ao camponês, habituado a vê-lo irradiando contagiante alegria e tranquilidade.

O homem da roça observou:

— Parece que o senhor está muito aborrecido...

— Muito... muito aborrecido!...

— Por quê?

— Eu venho tentando rezar... e sempre me distraio. Não há meio de me concentrar na oração.

— Ora... só por isso? É coisa tão fácil...
— Fácil?! Veja bem: se você rezar o Pai-nosso inteirinho, sem se distrair, eu lhe darei este lindo cavalo de presente.
— Verdade mesmo?
— Eu lhe garanto! Palavra de Bernardino!
— Pois então vou começar a reza.
Abriu os braços e, olhando para o céu, orou:

"Pai nosso... que estais no Céu... santificado seja o vosso nome... venha a nós o vosso reino... seja feita a vossa vontade, assim na Terra como no Céu..."

E baixando o olhar para Bernardino:
— O senhor vai me dar este cavalo com sela e tudo?
Sorrindo, o religioso abraçou seu velho amigo:
— Como é fácil rezar sem se distrair, hein?!...

* * *

São Cristóvão

SÃO CRISTÓVÃO

Nasceu na Palestina.

Sua festa é celebrada em 25 de julho.

Foi martirizado sob o poder do Imperador Romano Décio, em meados do século III.

Antes da conversão ao cristianismo chamava-se Ofero, depois seu nome ficou sendo Cristóvão (que carrega Cristo).

Tinha estatura colossal e seu trabalho era transportar pessoas de um lado para o outro do rio.

Há muitas lendas sobre São Cristóvão.

Vamos lembrar as duas mais famosas:

Ao transportar uma criancinha, Cristóvão percebeu que ela pesava excessivamente.

Fitando bem o rosto de seu transportador, o menino falou:

— Cristóvão, não querias encontrar o rei mais poderoso do mundo?

— Sim... Estou procurando.

— Eu sou Jesus Cristo, o Rei dos Reis, a quem serves há muito tempo...

— É, por isso, que pesais tanto!

— Sim... Eu tenho o mundo sobre meus ombros!

— Fico muito feliz em encontrar-vos, Senhor!

— Vim abençoar tua grande ajuda aos necessitados, transportando-os de um lado para o outro do rio e protegendo-os contra as insídias de suas águas volumosas. Tudo fazes por amor ao próximo.

— Mas, Senhor, eu não esperava esse reconhecimento...

— Filho, um copo de água que dás ao teu semelhante, será recompensado por Deus! Minha Igreja, a Igreja que edifiquei com meu representante Pedro, vai, durante séculos e séculos, proclamar-te Guia e Padroeira dos Navegantes!

Depois de proferir essas palavras, desapareceu.

* * *

O Imperador Décio não estava tão interessado em matar o gigantesco Cristóvão. Tencionava usá-lo em suas ações guerreiras.

Resolveu adotar outro estratagema: mandou chamar duas mulheres jovens e belas, consideradas as maiores beldades do seu império e recomendou-lhes:

— Vocês vão seduzir um grande amigo que precisei prender. Usem, nesse trabalho, toda a lábia. Ele é um homem durão; se conseguirem dobrá-lo e fazê-lo queimar incenso aos nossos deuses, ficarão ricas e famosas...

— E se não conseguirmos?

— Então mandarei decepar seus pescocinhos, entendido?

— Sim, senhor.

Cristóvão estava absorto em suas constantes orações, quando os homens do governante romano trouxeram as duas "iscas" para o Santo.

Perfumadas e seminuas, elas enlearam-no, fazendo-lhe carícias quase irresistíveis. Mas Cristóvão, praticamente imunizado pelas orações, não caiu na cilada.

Volvendo sobre elas um olhar de compaixão, pediu-lhes:

— Minhas irmãs, por que vocês não seguem nosso Senhor Jesus Cristo? Essa vida é tão passageira... Ele lhes dará a vida eterna!

Aí, as emissárias de Décio fizeram com que o tiro saísse pela culatra: Prostraram-se aos pés do Homem de Deus, donde foram levadas à glória do martírio.

A Legenda Áurea, conhecida tanto no Oriente quanto no Ocidente, cita os nomes das duas heroínas: Niceta e Aquilina.

O Santo foi levado à presença do imperador que, trêmulo de raiva, esbravejou:

— Vamos ver se você vai resistir aos grandes suplícios que lhe mandei preparar!

Ordenou que fosse feito um grande vaso de ferro, onde Cristóvão ia ser colocado e rodeado de um líquido resinoso, sensível ao calor e muito pegajoso.

Mandou que ateassem fogo sob esse recipiente.

Mas a grande vasilha de ferro se derreteu completamente e Cristóvão saiu ileso.

Sua majestade não desistiu.

Ordenou que dezenas de arqueiros alvejassem o Santo com suas flechas.

Décio, para se certificar melhor do que se passava, aproximou-se mais do prisioneiro.

As setas não atingiram Cristóvão, mas uma delas, desviando-se do rumo planejado, feriu o olho do imperador, cegando-o.

O mártir, compadecido, falou:

— Governante injusto e cruel, eu sou cristão e vos perdoo. Sei que logo vou morrer. Preparai um pouco de lodo misturado com meu sangue, passai em vosso olho e sereis curado em nome de Jesus.

Momentos depois o Santo foi decapitado. O governante seguiu à risca suas orientações, ficando perfeitamente curado.

Tamanha foi a gratidão para com São Cristóvão que se converteu ao cristianismo, ameaçando matar pela espada quem tentasse ofender a honra de Jesus ou do santo mártir.

***

Todos nós sabemos que, nos meandros das grandes rodovias, não estamos sós. São Cristóvão, representado nas pessoas caritativas e muito solidárias, está ao nosso lado, disposto a nos socorrer.

Mas... cuidado! Muito cuidado!

Na época em que vivemos, também bandidos, às vezes sanguinários, nos farejam...

Diz a sabedoria do povo: "Nas lagoas que têm piranhas, jacaré nada de costas".

Graças a Deus, a grande maioria daqueles que nos acompanham na pista é seguidora de São Cristóvão e Simão Cirineu, pessoas abnegadas que nos ajudam a carregar a cruz.

* * *

OS HOMENS DE DEUS E OS PÉS-DE-CANA

Dia a dia, as pessoas que fizeram votos monásticos encontram-se com beberrões que, embora sejam engraçados, precisam de muita paciência para não agravar ainda mais a situação.

Vejamos alguns casos:

* * *

Um bêbado entrou na igreja.

Foi atendido pelo padre.

Gaguejando, pediu:

– Por favor... Por favor... eu quero uma pinga!

– Aqui não temos pinga!

– Ué... Um botecão desse tamanho e não tem pinga?! Então me dá uma vodca ou um uísque.

– Amigo, o senhor está numa igreja.

– Muito bem! Então me dá um São Raphael!

* * *

Bem organizada e entoando cantos religiosos, caminhava a procissão Verde-rosa, efetuada em louvor ao glorioso e querido São Roque.

No Rio de Janeiro, existe a tradicional Escola de Samba Estação

Primeira de Mangueira, com as mesmas cores da organização religiosa: Verde-rosa.

Zanzava à toa por ali, o conhecido pingueiro Gota Serena que, observando a movimentação da igreja, gritou:

— Olha a mangueira aí, geeente!

O sacerdote que liderava a procissão ficou indignado:

— Seu irresponsável!... Respeite ao menos a devoção desse povo!

E o cortejo continuou, levando a imagem de São Roque...

Mas, na rota do séquito, mal planejada, surgiu uma enorme mangueira com seus galhos estendidos sobre o povo devoto.

E aconteceu o pior: Passando o andor sob seus grandes galhos, foi estourada a linda imagem do Santo.

Gota Serena berrou:

— Não falei?! Não falei?! Olha a mangueira aí, gente!

* * *

O pastor da "Igreja Ressuscitado da Divina Esperança" resolveu ir à próxima cidade para participar de uma conferência.

Ele iria de trem.

Mas, chegando ao terminal, deparou-se com o cachaceiro, seu velho conhecido, cognominado Chico Poeira.

Chico estava acompanhado de uma verdadeira corte de pinguços: mais de cinco; um mais chumbado que o outro.

Andavam a esmo, agarrando-se no colega para evitar tombo.

Assim, vai não vai; cai não cai, chegaram às portas do trem que acabara de chegar, rumoroso, ringindo suas rodas sob a pressão dos freios.

O religioso, coitado, devido à velha amizade que tinha com o Chico, foi envolvido no estúpido bloco de bebuns.

As portas se abriram.

Empurra de cá, empurra de lá e o trem, pontualmente, deu a partida, levando num inesperado solavanco, o grande bolo formado de bêbados, ficando de fora apenas o religioso, o único que precisava viajar.

Com um sorriso amarelo nos lábios, ele matutava:

— Benfeito! Quem mandou você se meter com gente dessa laia!

* * *

Tranquilamente, relembrando sua missão desenvolvida principalmente no adjutório às crianças desamparadas, lá ia passando uma freira numa rua pouco movimentada.

Usava batina preta e chapéu de abas largas.

Foi vista pelo ébrio que, cambaleando, correu em sua direção.

A irmã fugiu, correndo esbaforida.

Tropeçou e caiu.

Começou a chorar.

Decepcionado o pau-d'água falou;

— Que é isso, Batman... Ocê tá com medo de mim?!

* * *

Padre Antônio tinha acabado de celebrar a missa. Estava na sacristia cumprimentando alguns fiéis.

Súbito, ouviu grande estrondo como se houvessem estourado colossal peça.

O que seria?

Correu até a porta principal, onde acontecia a estúpida cena: Lá estava um bêbado segurando grande pedaço de madeira.

Na sua frente aparecia a imagem de São Sebastião em pedaços.

O sacerdote perguntou:

— O que aconteceu?

— Quebrei o santo.
— Por quê?
— Faz tempo que ele tá olhando feio pra mim!

* * *

Na igreja repleta de fiéis, o padre perguntou:
— Quem deseja ir para o céu?
Todos levantaram a mão, exceto um sujeito sentado num dos primeiros bancos.
Percebia-se facilmente que ele estava numa uca danada.
O religioso dirigiu-se para ele:
— O senhor não quer ir para o céu quando morrer?
E o ébrio:
– Sim... Quando morrer eu quero. Pensei que o senhor estava organizando a caravana para hoje!

* * *

Um pau-d'água na sacristia acusava o vigário:
— O padre daqui é um amigão, mas amigão dos "ricão"!
Eventualmente, o próprio vigário xingado, passava ali:
— Por que sou amigão dos ricos?
– É que eu queria batizar minha filha com o nome de duas letras. E o senhor não permitiu...
— Quais letras?
— M H.
– Claro! Já pensou chamar sua filha M H?
— É... mas o Dr. Armando pediu e o senhor colocou o nome de três letras na filha dele!
— Eu batizei a filha do doutor com quais letras?
— A I D.

* * *

Na grande avenida, um sorridente beberrão ziguezagueava.

De vez em quando trocava juras de amor:

— Ah, minha pinguinha... eu e tu, tu e eu!

E beijava ... beijava a garrafinha.

Passou diante dum sacerdote de batina preta:

— Ô papai... a bênção!

— Deus te abençoe, mas cuidado para não cair!

— Brigado! Hic... Hic...

Ao passar numa rampa cimentada, não teve jeito... Caiu de comprido em cima da garrafinha.

Levantou-se chateadíssimo.

Passou a mão sob a camisa, percebendo que estava molhada...

— Ah, meu Deus... Tomara que seja sangue!

* * *

Padre João encontrou na rua, ao lado da casa dum paroquiano, uma pessoa desmaiada.

Um amigo avisou o religioso:

— Esse desmaio parece coisa simples... Vamos levar o sujeito para dentro de casa!

Pegaram-no pelos braços e pernas e colocaram-no perto da pia, na cozinha.

Então aproximou-se outro vizinho, dando seu palpite:

— Na minha opinião, esse desmaio ocorreu por causa do ataque de "bichas".

— Ué, então vamos passar querosene no nariz do homem!

Às pressas, vasculharam o interior da pia e de lá tiraram uma garrafinha com líquido semelhante ao remédio procurado.

Nesse meio tempo, outro vizinho alertou:

— Eu já vi esse homem num botequim... ele é um grande pau-d'água!

O padre observou:

— Nosso dever é tratar dele!

Começaram, pois, a esfregar o suposto querosene em seu narigão.

O socorrido se abriu num largo sorriso... feliz da vida!

Verificou-se que a pequena garrafa não continha querosene e sim pinga.

Sentindo o gostoso cheiro do "mé" passado em seu nariz, o risonho beberrão apenas murmurou:

– Mais ... pra baixo... um pouquinho... por favor...

E morreu.

* * *

Padre Telesso tinha um invejável físico: musculoso, bem tratado e atlético.

Numa ocasião, caminhava tranquilamente perto de sua querida igreja, quando foi abordado por uma linda, mas sofredora jovem.

Com os cabelos em desalinho, lágrimas nos olhos e vestes amarfanhadas, falou:

— Padre, não suporto mais meu marido... Ele bebe muito!

Ela se casara com um ébrio que, em seus desvairamentos, facilmente chegava às vias de fato.

Embora metido a valentão, não tinha bom físico.

Nesse momento, ele se aproximou, num pileque danado.

Já chegou provocando.

Dirigiu-se para a mulher, indicando o sacerdote:

— Quem é esse cara?

— Tá vendo, padre, ele está sempre assim!

Cambaleando, o pinguço vociferou:

— Não quero muito papo... Vamos para casa!

E puxou fortemente a jovem, rasgando-lhe o vestido.

— Socorro, padre! Socorro!

O religioso, pensando que estava praticando uma boa ação, desferiu um soco no peito do "valentão" que caiu espetacularmente.

Com muita estupefação, o atlético padre viu a mulher saltar sobre o marido, gritando:

— Padre brutalhão!... Por que fez isso com meu maridinho?!

Desiludido, o sacerdote, meneando negativamente a cabeça, murmurou:

— Razão tem o provérbio: "Entre marido e mulher, não se põe a colher!"

* * *

Santa Rita

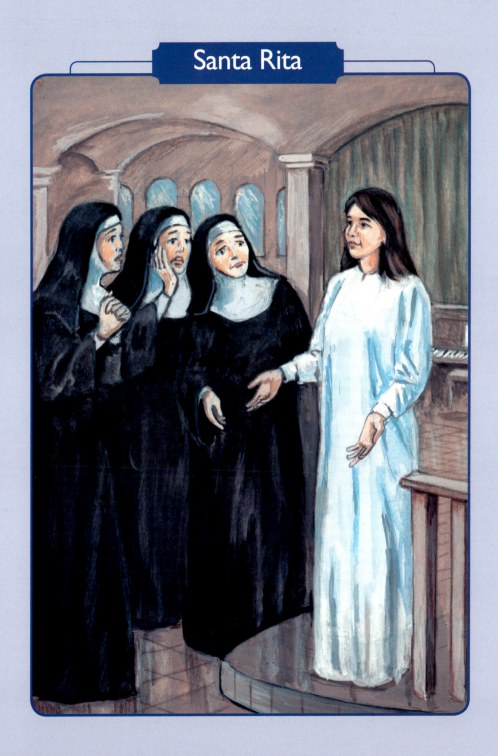

SANTA RITA DE CÁSSIA
(1381-1457)

Nasceu numa aldeia chamada Roccaporena, Itália.

Seus pais Antônio Lotti e Amata Ferri eram admirados por suas virtudes, especialmente pelo espírito de solidariedade.

Para completarem sua felicidade, pediam a Deus que lhes desse uma criancinha, pois ela, a Amata, já estava com mais de sessenta anos e nunca tiveram um filho.

Com grande alegria para todos, nasceu em 1381, a linda menininha que na pia batismal recebeu o nome de Rita.

Rita é diminutivo de Margherita.

Tempos depois a mocinha, muito religiosa e muito bela, rezava a fim de que o Senhor a encaminhasse a um convento, onde pudesse dedicar todo o seu amor a Jesus e à Virgem Maria.

Seus pais, já bastante avançados na idade, insistiam com ela para permanecer ao lado deles, dando-lhes cobertura no inverno de suas existências.

Ela obedeceu.

Casou-se com um jovem frequentador de tabernas, um espadachim com fama de valentão.

Seu nome: Paulo Mancini.

Dizem que o casamento realizou-se sob ameaças ao velho casal.

Rita e Paulo tiveram dois filhos: João Tiago e Paulo Maria.

Ela, criatura linda, suave e religiosa, fez de tudo para contentar seu esposo.

Viveu dezoito anos com o Paulo.

Todos nós sabemos que não existe força maior que a bondade.

No decorrer do tempo, Rita dobrou o arruaceiro e valentão.

Fez dele outro homem: manso, amoroso, compreensivo...

Naqueles tempos obscuros, a cidadezinha de Cássia era dominada por duas perigosíssimas facções: Os guelfos e os gibelinos.

Quantas famílias foram enlutadas pelo ódio advindo desses entrechoques brutais!

* * *

Amanhecia.

O tempo era todo chuvoso, ou melhor dizendo, medonhamente tempestuoso.

Não se sabe por qual motivo, Paulo resolveu ir para Cássia com muita urgência.

A esposa chegou a implorar:

— Paulo, pelo amor de Deus, tu não podes enfrentar um temporal horrível desses...

— Ó querida, tu me conheces... Achas que eu vou me acovardar diante dum mau tempo?!

— Subir o morro num tempo fechado assim é muito perigoso! Não se enxerga um palmo diante do nariz!

— Fica sossegada!... Eu não subirei a serra a cavalo...

— Mesmo assim... o caminho no morro escarpado está muito escorregadio. Outra coisa: Quem o está convocando com tanta insistência?

— Não te preocupes... são amigos...

— Deus me livre, mas até parece uma emboscada.

— Emboscada pra quê?! Agora tu sabes: Sou um homem pacífico!

Ao chegar a Cássia, Paulo passou o dia conversando com os parentes e amigos.

O mau tempo não arrefecia.

A noite vinha vindo perigosa e muito escura, sob o violento canhoneio dos trovões e intermitentes clarões dos relâmpagos.

Enorme saudade da sua Rita e dos filhos invadiu-lhe a alma.

Ao começar a caminhada íngreme e temerária, beirando o volumoso e barulhento riozinho, sentiu ligeiro frio na espinha.

Chegou a desconfiar duma cilada.

Pensou em desistir...

Agora era tarde demais!

Quatro sicários saltaram sobre ele, perfurando-o em várias partes do corpo.

Deixaram-no agonizando na beira da estrada, onde foi visto por conhecidos que levaram a triste notícia à pobre esposa.

* * *

Provando que realmente era santa, Rita perdoou, de coração, os cruéis assassinos de seu esposo Paulo.

Ela estava com trinta e dois anos.

Um ano após a morte do esposo, morreram seus dois filhos queridos, com pequenos intervalos de tempo de um para o outro.

Ficou sozinha no mundo, ou melhor: somente ela e Deus.

Rita, agora sem os vínculos do marido e dos filhos, bate à porta do convento de Santa Maria Madalena, das irmãs agostinianas.

Falou com a Madre Superiora:

— Madre, sempre tive muita vontade de trabalhar convosco no admirável mosteiro...

— Minha filha, eu já ouvi falar de tuas virtudes, da tua vocação à vida religiosa, mas...

— Dizei, Madre, estou pronta para qualquer sacrifício!

— Como sabes, é praxe da casa recebermos somente jovens solteiras.

— Então não posso ter mais sonhos?
— Vamos estudar as possibilidades. Peço-te que voltes de vez em quando!
— Deus vos pague pela caridade...
— Adeus, minha filha, Deus te acompanhe!
— Amém.

Rita voltou ainda duas ou três vezes ao convento das freiras agostinianas. Admirava-as muito, porque Santo Agostinho, patrono do mosteiro, era o protetor em que ela tinha muita confiança.

Se Rita não fosse tão insistente, teria desistido de viver com as religiosas.

Céus! Cada hora surgia um obstáculo diferente!...

Era a idade.

Era a viuvez.

Era o fato de seu marido ter sido assassinado, havendo possibilidade de futura vingança dos parentes, embora todas soubessem que a viúva tinha dado amplo perdão aos criminosos.

Temia-se que, com a vindita, surgissem sérios escândalos envolvendo a vida das monjas.

Um dia, perambulando nas proximidades de Cássia, depois de mais uma tentativa para ingressar no convento, encontrou-se com uma pessoa de sua amizade que lhe perguntou:

— Rita, donde vens?
— Venho da minha casa, onde sempre sou barrada.

Ao chegar a Roccaporena, a Santa entregou-se, de corpo e alma às orações, pedindo a São João Batista, a Santo Agostinho e a São Nicolau de Tolentino, os três santos de sua devoção, que a socorressem.

Logo depois, em êxtase, ouviu chamarem seu nome.

Eram três homens: seus santos protetores.

Já era noite avançada, prestes a amanhecer.

Jeitosamente, num voo miraculoso, seus patronos levaram-na, claustro a dentro, mesmo com as portas rigorosamente fechadas.

Ao raiar do dia, as monjas dirigiram-se para o encontro no coro e ficaram estupefatas ao localizarem Rita, que, chorando de emoção, as aguardava.

Contou-lhes como, num incrível milagre, foi transportada pelos ares por seus três padroeiros.

As religiosas perguntaram-lhe:

— Como pudeste ter entrado, se as portas estavam lacradas e, por questão de segurança, muito bem lacradas?!

E concluíram:

— Aqui só habitam frágeis mulheres!

A Santa contou o que ocorreu e a Priora, estendendo os braços, declarou solenemente:

— Minhas filhas em Jesus e Maria, fizemos de tudo para que Rita não entrasse em nosso mosteiro. Agora ficou bem clara a Soberana Vontade Divina. A partir deste momento, Rita é nossa companheira e, logo cedinho, chamaremos o funcionário do cartório para registrar o auspicioso acontecimento. Todos nós sabemos que PERMITIDO POR DEUS NADA É IMPOSSÍVEL!

* * *

Um dia, em janeiro, quando a Europa se reveste do inevitável branco das neves, a Santa embuçada em seu grosso agasalho, transitava nas ruas de Cássia.

Súbito apareceu-lhe uma pobrezinha tiritando de frio.

Rita não pensou duas vezes: Abraçou-a e, tirando suas roupas quentes, ficou quase desnuda para cobrir a coitadinha.

* * *

A Santa dos Impossíveis viveu quarenta anos no Mosteiro de Santa Maria Madalena, hoje, Mosteiro de Santa Rita.

Para testar a obediência da Santa, a Madre Superiora ordenou-lhe que irrigasse todos os dias um galho de videira completamente seco.

Com a inocência do anjo e a submissão do militar, ela obedeceu e todos os dias o ramo seco era molhado.

As outras irmãs não criticavam, talvez por medo, mas não achavam graça nessa obediência cega.

Riam às escondidas.

— Quê?! Molhar um ramo totalmente seco?! É o mesmo que dar comida para defunto.

Durante quase um ano o galhinho, em nome da santa obediência, era aguado cotidianamente.

Até que um dia:

PERMITIDO POR DEUS, NADA É IMPOSSÍVEL!

Oh, maravilha!

O famoso raminho seco apareceu coberto de rebentos vivos e bem vivos!

Até hoje, séculos depois, a prodigiosa videira produz deliciosas uvas.

No atraente livro *Santa Rita de Cássia*, escrito pelo Padre Atanásio Angelini, agostiniano, página 128–A, vê-se uma fotografia do Claustro de Santa Rita, em Cássia e, em destaque aparece a colossal e prodigiosa videira que foi tratada pela Santa há mais de quinhentos anos.

* * *

Durante a quaresma, prostrada ante o crucifixo, Rita pediu fervorosamente a Jesus, para participar das dores do seu martírio.

Um espinho saiu da coroa do Crucificado e foi se alojar profundamente na testa de Santa Rita.

Formou-se uma ferida purulenta e fétida.

Tão purulenta e tão fétida era, que começou a apresentar repelentes vermes.

Ela precisou morar segregada das suas irmãs.

Entretanto, mantinha o mesmo sorriso, conformada com a vontade celestial.

Viveu quinze anos com aquele doloroso estigma.

* * *

O papa concedia especial indulgência para os cristãos que fossem a Roma, em 1450, por ocasião do jubileu.

As irmãs, colegas de Rita, animadíssimas, estavam se preparando para a grande peregrinação.

Também ela ficou entusiasmada, principalmente porque fazia bem à sua alma e se dirigiu à Priora:

— Madre, como eu gostaria de acompanhar minhas irmãs na peregrinação a Roma...

— Rita, sabes que isso não é possível por causa do mau cheiro que exalas... Serias motivo de escárnios onde estiveres...

— Vou pedir a Deus que me livre desse obstáculo agora e durante a peregrinação; depois receberei o espinho de volta.

Solicitou a uma irmã que lhe conseguisse um pouquinho de pomada, não precisava ser especial.

Depois, com os dedos, passou-a na fronte.

Sabemos perfeitamente que nos conventos nem todos são santos.

Algumas monjas ao observarem o cuidado com que a irmãzinha passava o creme na testa, viravam o rosto para rir à sorrelfa, cogitando: "Pobre Rita... Como ela é ingênua! Passar uma bobagem dessas numa ferida tão séria!".

Mas os risos morreram em seus lábios.

Para surpresa de todas, a chaga transformou-se em pele viçosa e corada; ao invés de mau cheiro, deliciosa fragrância se espalhou pelo convento.

Encantadas, a Superiora e as outras freiras concordaram plenamente com a viagem de Rita ao lado delas.

Terminada a viagem, voltaram os sofrimentos causados pelo espinho. Rita apenas dizia:

— Ele sofreu muito mais por nós!

* * *

22 de maio de 1457.

Nesse dia, a Santa exala seu último suspiro.

Nesse momento, como que alucinados, dobram todos os sinos de Cássia e do convento, misteriosamente, sem controle humano.

Santa Rita curou doenças incuráveis, restituiu à fertilidade mulheres estéreis, levando à piedade corações empedernidos...

Logo após a sua morte, surgiram outros prodígios: O sinal do espinho sumiu e, ao invés do cheiro pútrido, agradável odor se espalhou em todo o mosteiro.

Na região de Roccaporena, no início do século XVIII, os pais da menininha Ana viviam apavorados.

É que a garotinha, não se sabe como, atravessou a garganta com um perigoso alfinete.

Além da dor causada pelo pontiagudo objeto em seu corpinho, a pobre criancinha começou a sentir falta de ar.

Desesperados, seus pais resolveram apelar para a sensibilidade da querida santa.

Foram à igreja construída em seu louvor e ali, com viva fé, estenderam sobre a Ana a estampa da santa freira.

Incontinente, a Aninha expeliu, via oral, o desastrado objeto que tanto a perturbava, ficando totalmente curada.

* * *

A tradição, confirmada pelo bispo local, conta-nos que em 1730 muitas localidades europeias, mais precisamente italianas, foram abaladas por fortes terremotos.

Nesses momentos de angústia, o povo assistiu a uma cena fantástica: O corpo de Santa Rita levantou-se do ataúde em que jazia e ficou horas e horas pairando sobre a terra. Isso foi publicado em vários noticiários do Velho Mundo, naquela época.

Embora seriamente ameaçada, Cássia não foi atingida pela hecatombe.

* * *

Com a Basílica apinhada de fervorosos devotos, o Papa Urbano VIII elevou Santa Rita às glórias de Beata.

Muito embora, já em 1577, houvesse, em Cássia, uma bela igreja construída em louvor a Santa Rita, ela, Santa Rita, só foi canonizada em 24 de maio de 1900 pelo Pontífice Leão XIII.

* * *

São Gil

SÃO GIL

A Grécia é sua terra natal.

Não se sabe exatamente a data do nascimento de São Gil. Alguns autores dizem que foi entre os séculos VI e VII.

Sabe-se que é oriundo de uma família de alta linhagem.

Gil ou Egídio (duas traduções do mesmo nome grego) estudou medicina, almejando sempre amenizar os sofrimentos alheios.

Após a morte de seus pais, vendeu todos os seus bens e distribuiu o dinheiro entre os pobres. Mudou-se para a França, onde viveu como ermitão numa choupana que, embora paupérrima, era bem protegida por espinheiros, chamados espinheiros bravos, cujos acúleos rijos e compactos desestimulavam mal-intencionados invasores.

Aí, nesse humilde casebre, a Divina Providência mandou-lhe uma gazela que o alimentava cotidianamente com seu leite.

Um dia, Flavius, Rei dos Godos, caçando naquelas redondezas, negaceou insistentemente o bondoso animal que, desesperado, procurou proteção na caverna.

São Gil, tentando salvá-lo, pegou-o no colo.

Dominado pela forte emoção da caçada, o soberano, sem mirar direito, disparou a seta que perfurou a mão do Santo.

Com mais calma, o rei percebeu seu grave equívoco, pedindo, desolado, perdão ao Homem de Deus.

Com o passar dos tempos, conversa vai, conversa vem, eles se tornaram grandes amigos.

O Rei dos Godos ficou encantado com a sabedoria e santidade do ermitão.

Mandou construir ali um mosteiro e nomeou São Gil seu abade.

O Santo fez de tudo para fugir dessa honraria, mas, humildemente acabou cedendo.

Devido à fama de santidade que se propalou rapidamente e aos milagres operados por intercessão de São Gil, o local foi se desenvolvendo com celeridade.

Onde havia apenas uma vila, logo mais lá surgia um belo mosteiro; depois famoso santuário e não demorava a se tornar movimentado centro de peregrinação.

Inúmeros são os prodígios atribuídos à intercessão de São Gil.

* * *

Um dia ele deparou com um doente mendigo.

O pobrezinho tiritava de frio.

Como costuma acontecer com os santos da Igreja Católica, Santo Egídio, inflamado de amor cristão, deu-lhe o próprio agasalho.

Então, o Todo-Poderoso não se fez esperar para retribuir a generosidade do bom servo e, ao vestir a capa, o pedinte gravemente enfermo se viu perfeitamente curado.

* * *

Conta-se que o Rei Carlos tinha cometido incesto com sua irmã; muito arrependido, não sabia o que fazer. Considerava seu pecado tão ignóbil que nem ao sacerdote tinha coragem para confessar.

Vivia atribulado.

Finalmente, resolveu ir a Provença, onde estava o famoso e milagreiro abade.

Assistiu à Missa celebrada por ele.

Não se animou a aproveitar o Sacramento da Penitência de imediato, mas, diante das palavras amigas do Santo, que afirmava ter visto um anjo com um livro, no qual se liam os deslizes do monarca, fez sincera e reconfortante confissão, recebendo a absolvição sacramental.

* * *

Alto-mar.

A pequena embarcação em que Santo Egídio viajava para o ocidente, com dezenas de outros passageiros, foi atingida por furioso temporal.

O naviozinho dançava sobre as fragorosas águas revoltas, levando pânico aos corações aflitos.

Só Deus poderia salvá-los.

O Santo, de joelhos, ergueu os braços para o alto, numa concentrada e sublime oração.

Imediatamente, as ondas se acalmaram e todos respiraram aliviados, agradecendo ao Senhor o prodígio alcançado por intermédio de nosso Santo.

* * *

São Gil é padroeiro dos que sofrem de angústia, tristeza e, também, é patrono dos portadores de deficiência.

* * *

Santo Atanásio

SANTO ATANÁSIO

Santo Atanásio, bispo e doutor da Igreja, também chamado Pai da Ortodoxia e Coluna da Igreja, nasceu por volta de 295 em Alexandria do Egito.

Fisicamente, Atanásio não era de elevada estatura, mas tinha espírito grandioso.

Durante mais de quarenta e cinco anos em que exerceu o bispado, foi duramente perseguido pelo herege sacerdote Ário e por colegas indignos, bispos apoiados pelos imperadores.

Em sua tumultuada vida, enfrentou quatro monarcas romanos.

No período de 346 a 356, quadra em que ele teve certa tranquilidade, foram elaborados seus escritos mais importantes.

* * *

Meses depois da realização do notável Concílio de Niceia, Atanásio foi designado Patriarca de Alexandria.

Era muito jovem.

Tinha apenas trinta anos de idade.

Os arianos e os melecianos arquitetaram diabólica aliança, com o fito de torpedearem a autoridade do jovem bispo.

Contra Atanásio foram assacadas todas as espécies de calúnias, fantasiosos crimes e violações aos cânones da Igreja.

Até mesmo assassinatos atribuíram a Santo Atanásio.

Afirmavam que ele matou o Bispo Arsênio, desaparecido há muitos dias. Contavam que o prelado criminoso não só o matou, mas também o esquartejou para fins de magia negra.

Exibiam uma mão seca, alegando ter pertencido ao religioso assassinado.

Organizou-se um concílio em Tiro, com a finalidade de condenar Atanásio pelas barbaridades cometidas.

Os amigos do Santo Bispo localizaram o Arsênio vivo e bem vivo.

Alguns dias depois, na grande reunião, ocorreram cenas tragicômicas.

O secretário do prelado falou:

— Os arianos acusam Atanásio de ter matado Arsênio, decepando-lhe a mão... Certo?

— Certo!

— Aqui está Arsênio vivo e com suas duas mãos, certo?

— Certo!

— Como Deus Nosso Senhor nos fez com apenas duas mãos, precisamos descobrir de quem é a terceira mão que está em poder dos caluniadores!

* * *

No dia seguinte, outro fato ainda mais engraçado, se não fosse danoso:

Aberta a sessão, um dos despudorados acusadores berrou:

— Façam entrar a mulher vítima do tarado Atanásio!

Surgiu uma bela jovem de atitudes teatrais, com trajes de cores vivas, braços abertos, cabelos em desalinho. Chorava e dizia em altos brados:

— Eu fui violentada pelo Bispo!... Eu fui violentada pelo Bispo!...

Um padre que acompanhava Atanásio e que era desconhecido no local, percebendo a farsa, encaminhou-se para a "vítima", dizendo:

— Então, jogas esse crime hediondo na minha cara?

Num sorriso sarcástico, ela, que nunca tinha visto Atanásio, concluiu:

— Sim! És tu mesmo! Bem que te reconheço!

Uma onda de gargalhadas estourou pelo salão e a infeliz retirou-se repleta de vergonha.

* * *

Entre os diversos livros que Santo Atanásio escreveu, está *A vida de Santo Antão*, além das obras contra o arianismo e muitos explicativos sobre as Sagradas Escrituras.

Um religioso do século XVIII recomendava: "Se encontrares uma obra de Atanásio e não tiveres papel para copiá-la, copia em tuas camisas".

Segundo seus biógrafos, Atanásio tinha uma inteligência aguda, rápida intuição, era bondoso, acolhedor, afável, agradável na conversação, mas alerta e afiado no debate.

* * *

Em um sínodo de mais de cem bispos, ocorrido em 319, o então Bispo de Alexandria, Santo Alexandre, assessorado por seu secretário Atanásio, condenou a blasfêmia de Ário que negava a divindade de Jesus.

O herege rebelou-se e o Santo Prelado não teve outra saída senão usar medida extrema.

Excomungou-o.

Apoiado por bispos indignos — Eusébio de Nicomédia e Eusébio de Cesareia —, Ário, com sua costumeira lábia, durante vários anos deu imensa dor de cabeça à Igreja.

O arianismo foi uma das heresias que mais prejudicou a Igreja desde o século III.

Como Ário conseguiu tal façanha?

Devido ao grande apoio que recebia por parte de muitos bispos e imperadores.

A literatura do século III nos conta que Ário, ordenado sacerdote pelo sucessor de São Pedro de Alexandria, era intrigante, ambicioso e extremamente persuasivo.

Parece que ele fora talhado para exercer tão maléfica e tão nefasta heresia.

Ário (260–336), fortemente apoiado por dois bispos, oito padres e dez diáconos triunfava dentro e fora do Egito e conseguiu do Imperador Constantino sua aceitação no seio da Igreja Católica em Constantinopla, cujo arcebispo, em fervorosas orações e jejuns quase contínuos, seria desterrado.

Deus atendeu as preces do virtuoso prelado e, na véspera da entrada triunfal na comunidade católica, Ário morreu.

Conta-se que teve morte repentina e vexatória, durante o banho, com suas entranhas nas mãos.

* * *

O Imperador Constantino numa atitude inesperada, movido pela inveja dos sucessos de Atanásio, decidiu interceptar sua luminosa trajetória.

Mandou seus soldados prenderem-no.

O grande bispo, não sendo nenhum tolo, percebeu o estranho zunzum relativo à sua iminente prisão.

Fez o que qualquer perseguido inteligente faria.

Fugiu com alguns dos seus homens de confiança.

Conta-se um fato pitoresco acontecido nessa ocasião: Durante a fuga, grande parte dela num pequeno barco, Atanásio e seus amigos cruzaram com os perigosos soldados do monarca.

Era lusco-fusco do amanhecer.

A visão muito nebulosa.

Os perseguidores, que enxergavam mal e mal, dirigiram-se justamente para o Santo:

— Bons dias, senhores!

— Bons dias...

— Os senhores viram o Bispo Atanásio por essas bandas?

Reconhecendo o perigo, Atanásio estremeceu. Mas não podia entregar o ouro aos bandidos.

Respondeu:

— Ele passou por aqui agorinha...

E continuou sua viagem.

* * *

O Supremo Criador permitiu a existência de elemento nocivo e fundador de heresia, como Ário, mas fez nascer santos heroicos doutores da Igreja grega, como Santo Atanásio, São João Crisóstomo, São Gregório Nazianzeno e São Basílio Magno.

* * *

Padre Pio

PADRE PIO
(1887 – 1968)

Nasceu em Pietrelcina, na Itália, a 25 de maio de 1887.

Na pia batismal recebeu o nome de Francesco.

Teve também um irmão chamado Miguel, além de três irmãs; uma delas tornou-se freira, em Roma.

Seus pais Grazio Forgione e Maria Giuseppa De Nunzio eram agricultores.

Aos doze anos, Francesco fez a Primeira Comunhão e foi crismado.

Em 10 de agosto de 1910 foi ordenado sacerdote capuchinho.

Padre Pio celebrava todas as suas missas como se fossem a primeira.

Ah! A primeira missa!

Aqui, no Brasil, no sertão da Bahia, costumava-se dizer que valia a pena gastar as solas dos sapatos para assistir a uma primeira missa.

* * *

A fama de santidade do neossacerdote começava a se alastrar.

Nos corredores do convento capuchinho, em San Giovanni Rotondo, um devoto que o procurava sem conhecê-lo deu de cara com ele.

Perguntou:

— O santo padre está por aqui?

E o Padre Pio, bem-humorado:

— Não, meu filho, o Santo Padre está em Roma.

* * *

Quem ler a vida dos santos, certamente constatará o grande amor a Deus, à Santíssima Virgem e ao próximo.

Numa ocasião, um filho espiritual do Santo Capuchinho perguntou-lhe:

— Nossa Senhora já esteve em sua cela?

— Meu filho, é melhor perguntar quando é que Ela não está aqui.

* * *

O Padre Pio teve os estigmas evidenciados inicialmente em manchas avermelhadas, nas mãos e nos pés.

Seu Diretor Espiritual, Padre Agostino, pediu-lhe encarecidamente, em nome de Jesus, informações sobre os fenômenos místicos que ocorriam constantemente, isto é, sobre os estigmas.

O Santo respondeu-lhe, dizendo que Jesus começou a agraciar sua pobre alma com visões celestiais, depois do primeiro ano de noviciado. E prosseguiu: "Então comecei a receber os sinais visíveis. Pedi ao Senhor que os retirasse, porque causavam dores insuportáveis. Fui atendido. Mas as dores voltaram em determinados dias".

O Dr. Festa (agnóstico) e seus convidados, Dr. Romanelli e o Superior dos Capuchinhos, testemunharam não só as chagas do Padre Pio, mas também o suave odor que emanava dessas feridas abertas.

Finalmente o Dr. Giorgio Festa, cirurgião tido e havido como um dos melhores médicos de Roma e que ocupava o invejável cargo de chefe da equipe médica responsável pela Casa Matriz dos Capuchinhos, apresentou o seguinte relatório: "Os aparecimentos dessas feridas, suas estranhas características anatômicas e patológicas, mais a constância com que vertem sangue vivo e perfumado, estão localizados em pontos de seu corpo que correspondem às chagas do corpo de Nosso Senhor Jesus Cristo..."

Nem é preciso dizer que o Dr. Giorgio Festa se converteu, tornando-se Filho Espiritual do Padre Pio.

* * *

Outro caso extraordinário:

Cesare Festa, famoso advogado, homem de grande cultura, diretor do jornal "Il Caffaro", era também fanático dirigente da Maçonaria e, obstinadamente, não aceitava o convite do primo Dr. Festa, para fazer uma visita ao Padre Pio.

Certo dia tomou estranha decisão: Ir sozinho, sem qualquer compromisso, visitar o famoso sacerdote em San Giovanni Rotondo.

Chegando ao Convento dos Capuchinhos, ele se deparou com o santo religioso que, ao lado de outros frades, atendia os visitantes.

Padre Pio, que nunca o tinha visto, fitou-o demoradamente, depois, aplicando seu admirável dom da clarividência, exclamou:

— Amigo, você é maçom!

— Sim, sou maçom.

— Qual é a principal finalidade da Maçonaria?

— Não vou tentar enganar o senhor. A Maçonaria visa destruir politicamente a Igreja Católica.

O religioso tomou seu interlocutor pelo braço. Afastou-se um pouco dali, dizendo:

— Meu filho, vou lhe contar a parábola do filho pródigo...

Terminada a comovente história, o famoso bacharel Cesare Festa, num impulso quase automático, atirou-se aos pés do sacerdote.

De regresso para sua cidade, o primo do Dr. Giorgio Festa, sinceramente convertido, ingressou na Ordem Terceira de São Francisco.

* * *

Perfumes agradáveis e incompreensíveis emanavam das chagas do Santo.

Eram sempre naturais: Odor de rosa, de jasmim, de hortelã, de violeta, de flor de laranjeira... Indicavam sua presença, como ele mesmo dizia.

O Dr. Festa, na tentativa de melhor examiná-lo, colocou seu lenço na chaga do notável capuchinho.

O homem da saúde estava encabulado: como era possível sair odor agradável duma chaga vertendo sangue?

Ao se despedir, levou a peça de pano para o carro, depois a embalou numa caixinha.

Durante a viagem para Roma, as pessoas que estavam no automóvel diziam:

— Ah! Que perfume suave!

— Doutor, o senhor tem bom gosto para escolher perfume ambiental!

O médico nada respondia, mas sabia a origem de tudo.

Chegando ao consultório, colocou o lenço sobre seu móvel e ouviu várias pessoas elogiarem a suavidade do perfume que se expandia no ar.

Não tinha limites de distância.

Em 1968, foram sentidos no Brasil pela família Cunha Mello, muito amiga do Padre Pio. Eram vinte e duas horas e trinta minutos, duas horas e meia da manhã de 22 de setembro de 1968, na Itália. Todos sentiam forte perfume de laranjeira, embora fora de época. Era o anúncio da morte do amigão Padre Santo Pio em San Giovanni Rotondo.

* * *

O sacerdote estigmatizado, apesar de todos os seus sofrimentos, ainda se preocupava com as atribulações dos irmãos sofredores.

Por isso, usando todo o seu prestígio e juntamente com dois renomados médicos, fundou a Casa Sollievo della Sofrenza (Casa Alívio do Sofrimento).

Não queria um hospital repleto de burocracias, mas uma casa de saúde com atendimento gratuito, rápido e eficiente, dedicado especialmente aos deserdados da sorte.

O lema era: "Um irmão aos cuidados de outros irmãos".

A pedra fundamental da Catedral da caridade, como é chamada pelos devotos, foi lançada em 19 de maio de 1947 e a inauguração ocorreu em 5 de maio de 1956, com a bênção do Pontífice Pio XII.

Atualmente, é considerada uma das melhores casas de saúde da Europa.

* * *

Segunda Guerra Mundial.

A Itália, infelizmente, era dominada pelo poderio nazista.

As forças aliadas obtiveram inquestionáveis informes, dando conta de que, na região italiana de San Giovanni Rotondo, estavam sendo armazenadas perigosíssimas bombas.

Expedira-se rigorosa e urgente ordem: Bombardear sem piedade a pobre região, habitada na maioria por indefesos camponeses.

Fazer o quê?

Eram os horrores da guerra!

Esquadrilhas de vários aviões equipados com poderosos projéteis cruzavam os céus da Itália.

Mas quando as aeronaves estavam próximas do alvo, ocorreram fatos extraordinários.

Aturdidos os pilotos se comunicavam:

— Meu aparelho ejetor não obedece ao comando!

— O meu também!

— O pior é que as bombas foram despejadas muito distantes do destino!

— Agora estou vendo um frade de barbas, voando no meio das nuvens...

Parece um anjo sem asas! Será que estou tendo alucinações?

— Fique tranquilo! Eu também estou vendo...

— Ele está levantando os braços, pedindo para não lançarmos nossos projéteis!

— Outra coisa fora do controle: O avião está voltando...

— O meu também! Todos obedecem a estranha ordem!...

No dia seguinte, intrigado com os acontecimentos, o próprio Oficial Comandante da esquadrilha americana assumiu a missão para bombardear a estranha região de Gargano, próxima a San Giovanni Rotondo, onde morava o Padre Pio.

A cena foi a mesma: Um frade de barbas, entre as nuvens, parecendo um anjo sem asas, levantando os braços e pedindo para que as bombas não fossem lançadas. O tal descontrole nos aparelhos de lançamento de todas as aeronaves, descarregando os explosivos nas montanhas muito antes dos alvos.

Aparvalhado, o Oficial Comandante-chefe transmitiu a nova ordem:

— Atenção, toda a esquadrilha! Aqui fala o Comandante. De nada valem nossos trabalhos sem as bombas despejadas longe do alvo. Todos os aviões devem retornar às suas bases.

Convém observar que a maioria dos aviadores era de outras religiões; pouquíssimos eram católicos.

Terminada a guerra, o comandante-chefe e seus companheiros resolveram conhecer a tal cidadezinha salva dos bombardeios pelo frade voador.

Quando chegaram a San Giovanni, ficaram sabendo que ali morava um frade milagreiro, o Padre Estigmatizado.

Foram ao Convento dos Capuchinhos.

Lá, entre outros religiosos, estava o Padre Pio.

Ao vê-lo, o Comandante, indicando-o, exclamou:

— É ele!... É o frade que vimos entre as nuvens!

O famoso capuchinho aproximou-se do Oficial e sorridente falou:

— Você é aquele que pretendia liquidar com todos nós!

Cumprimentaram-se cordialmente.

Conversaram como se fossem velhos amigos.

Desse encontro entre pilotos militares, surgiram grandes amizades e o desejo da conversão ao Catolicismo.

Todos eles se tornaram filhos espirituais do Padre Estigmatizado.

O excelente trabalho literário *Padre Pio – Seus milagres, seus carismas, sua vida*, elaborado por Giovanni Cavagnari, às páginas 41 e 43, nos mostra fotos do Padre Pio sendo visitado pelos aviadores militares.

* * *

Gemma di Giorgi era uma garotinha cega de nascença.

A pobrezinha além de não ter visão, ainda nasceu sem pupilas.

Desesperada, sua vovozinha pediu ajuda ao famoso taumaturgo.

O santo sacerdote tocou os olhos da menina, dizendo:

— Ela vai ficar bem... Vai enxergar.

Gemma fez a Primeira Comunhão e, no dia seguinte, começou a ver com perfeição, embora sem as pupilas!

* * *

Carol Wojtyla, naquela época, Bispo de Ombi, futuro papa sob o título de João Paulo II, tinha enorme comiseração pela Doutora Wanda Poltawska, senhora quarentona, mãe de quatro filhos e que era vítima de câncer maligno.

O ilustre dignitário escreveu ao Padre Estigmatizado, pedindo sua intercessão junto a Deus:

"Venerável Padre,

Venho pedir suas orações por uma mãe de quatro filhos. No momento encontra-se em gravíssimo estado de saúde, por motivo de um câncer. Que Deus dispense sua misericórdia também à sua família por intermédio da Santíssima Virgem Maria.

Em Cristo, muitíssimo grato".

Carolus Wojtyla – Bispo Titular de Ombi
Vigário Capitular da Cracóvia, Polônia
Em 17 de novembro de 1962.

O Padre Pio comunicou ao notável remetente que ia rezar muito pela enferma.

Já no fim de novembro, o futuro pontífice mandou ao Padre Santo, as seguintes letras:

"Venerável Padre,

A mulher, mãe de quatro filhos, no dia 21 de novembro, quando devia submeter-se a uma operação cirúrgica, recuperou, repentinamente, a saúde. Graças a Deus. Também ao senhor, venerável padre, rendemos graças e agradecimentos, inclusive por parte de seu marido e de toda a sua família".

Carolus Wojtyla
Vigário Capitular da Cracóvia.
Em 28 de novembro de 1962.

Uma pessoa de inteira confiança do Santo capuchinho falou-lhe:
— Que lindo milagre o senhor fez!
E o Santo corrigiu:
— Eu fiz, não! Quem faz milagres é só Deus!
Wojtyla, na qualidade de papa, voltou a San Giovanni Rotondo para visitar o Venerável Padre.

* * *

Atormentado pela recordação da recente e estrondosa derrota sofrida na batalha de Caporetto, o General Luigi Cardona tomou insana decisão: suicidar-se.

Aquela noite de 1917, em que o melancólico oficial resolveu por fim à própria existência, era muito fria.

Transtornado, chamou o sentinela:

— Soldado, não quero que nesta noite ninguém, seja quem for, entre em minha barraca. Entendido?

— Sim, senhor!

— Ninguém mesmo! Claro?

— Sim, senhor!

Fechou a porta.

Sentou-se na cadeira ao lado da pequena mesa. Abriu a gaveta. Tirou o revólver. Municiou-o. Colocou-o ao ouvido.

Nesse momento apareceu-lhe um frade capuchinho que, olhando firme para ele, falou:

— Ó, General... O senhor não vai fazer uma loucura dessas!

Dito isto desapareceu.

Aos poucos o militar foi recuperando a linha de coerência.

Levantou-se vagarosamente. Dirigiu-se à porta e, aos berros:

— Soldado!

— Sim, senhor, General!

— Não lhe ordenei insistentemente para não deixar ninguém entrar na minha barraca?

— Sim, senhor!

— E você permitiu que aquele frade entrasse!

— Não... Nenhuma pessoa esteve aqui!

Estatelado, o General procurou desvendar o mistério.

Terminada a guerra, ouviu falar maravilhas do Padre Estigmatizado.

Decidiu ir sozinho a San Giovanni.

Em lá chegando, foi ao Convento dos Capuchinhos.

Perguntou pelo Padre Milagreiro.

Disseram-lhe que logo o frade ia passar por ali com seus confrades, rumo à sacristia.

Nova e grande surpresa estava destinada ao visitante.

Ao passar por ele, o Capuchinho, levantando os braços, exclamou:

— Ó, General, naquela noite, escapamos duma boa, não é verdade?

O General Cardona sentiu-se eletrizado vendo o mesmo frade e ouvindo a mesma voz daquela noite.

* * *

Padre Pio não era tristonho.

Não!

Fazia de tudo para alegrar quem estivesse a seu redor. Suas entusiasmadas anedotas eram ilustradas por adequados gestos.

Vamos lembrar uma delas:

Habitava em um convento um frade muito laborioso, muito bondoso, muito esforçado...

Tinha um lamentável defeito: Bebia.

Sob o efeito do álcool parecia outro: Fazia estragos, dava vexames, tornava-se valentão...

O padre superior usava de todos os meios para reconduzi-lo ao bom caminho.

Repreendia-o em particular e em público.

Ameaçava-o.

Mandava-o ficar de joelhos sobre grãos de milho...

Como todo beberrão, ele sempre tinha bons propósitos, mas não tinha jeito!

Numa ocasião conseguiu entrar sozinho na adega.

Então, sentia-se como a raposa dentro do galinheiro.

Ali ele tinha tudo.

Que beleza!

Escolheu um dos melhores vinhos.

Felicíssimo, abriu a garrafa e pôs-se a degustar, matutando: "Ainda dizem que não há felicidade neste mundo!"

Súbito, duas mãos pesadas agarraram-no pelos ombros.

Pego com a boca na botija, o tal frade suava frio...

Criou coragem e gaguejou:

— Quem... Quem é?

— Sou eu... O diabo!

— Ah... Que susto! Eu pensei que fosse o padre superior!

* * *

Logo após a serena morte, examinaram o corpo do Santo e constataram que os estigmas desapareceram completamente, sem deixar qualquer cicatriz, conforme documento escrito e fotográfico.

Vejamos bem: Durante mais de cinquenta anos o Santo Capuchinho padeceu as dores dos misteriosos estigmas.

Em 16 de junho de 2002, o Papa João Paulo II canonizou, em Roma, o Padre Pio.

* * *

Santa Mônica

SANTA MÔNICA

Nasceu no norte da África, em Tagaste, no ano 332.

Na época certa, seus pais casaram-na com um cidadão que não era católico, nem cristão; nem batizado era.

Chamava-se Patrício.

Legionário do Império Romano, tinha um gênio extremamente volúvel e explosivo.

"Por dá cá aquela palha", berrava com a mulher, embora nunca tivesse levantado a mão contra ela.

Além de incréu, era jogador e mulherengo.

As "amiguinhas" de Mônica, doidas para verem o "circo pegar fogo", aspiravam à discórdia no lar e, conhecendo o gênio arrebatado de Patrício, ficavam curiosas e perguntavam:

— Ó, amiga Mônica, como é possível você não ter hematomas no rosto e como pode viver bem com aquela "fera"? Nossos homens não são tão irritadiços, entretanto, muitas de nós têm feias marcas na cara e no corpo...

A grande santa, dona dum oceano de paciência, explicava:

— Para começo de conversa, ele não é nenhuma fera; outra coisa importante: Quando está mal-humorado, ele grita e eu me calo. Qualquer pessoa sabe que são necessários dois para se fazer uma briga. Eu não quero discussão, logo... reina a paz.

Patrício tinha uma notável virtude: Não interferia nas constantes orações da mulher, nem atacava sua fé, nem criticava as ajudas que Mônica distribuía aos necessitados, cumprindo o mandamento de Jesus.

Ela, Mônica, a Santa mãe de Agostinho, depois de muito rezar por seu marido, alcançou de Deus a graça da conversão dele.

Em 371, Patrício seguia os conselhos da mulher.

Rezava com ela.

Foi batizado. Um ano depois, o Anjo da Morte o levou para junto do Criador.

* * *

Quando Patrício faleceu, Agostinho estava com 17 anos.

Quantos e quantos sofrimentos ele causou à virtuosa e preocupada mãe!

Além de levar uma vida libertina e devassa, Agostinho veio com mais uma novidade para alfinetar o coração da Santa: Tornou-se membro de uma organização herética denominada Maniqueísmo.

Para eles, os maniqueístas, o mundo não foi criado por Deus e sim pelo Diabo.

Era a "gota d'água" para a pobre mãe.

Com a alma dilacerada, a incansável santa dedicou-se inteiramente às orações, às penitências e às lágrimas, visando a conversão do filho.

Procurou um bispo que tinha sido maniqueísta e se convertera ao catolicismo.

Esse prelado, compadecido, falou à lacrimosa mãe a célebre frase: "Anda, vai-te e que vivas muitos anos. É impossível que se perca o filho destas lágrimas".

* * *

Mônica desejava acompanhar sempre seu filho, mas ele não concordava.

Anos depois, encontraram-se em Milão.

Graças a Deus, Agostinho não era mais maniqueísta.

Nosso herói, não apenas decidiu ser batizado, mas também tornar-se monge.

O famoso bispo de Milão, Santo Ambrósio, teve papel preponderante na conversão do futuro santo.

Ele batizou Agostinho na Páscoa de 387.

* * *

Mônica teve sua educação confiada a uma senhora idosa, muito virtuosa e muito enérgica; nunca permitia que sua educanda comesse qualquer coisa, a não ser nas horas determinadas.

Existe um fato pitoresco ocorrido na existência da Mônica, quando era menina, contado sucintamente pelo glorioso filho:

Demonstrando muita disciplina, a garota sempre era escalada para ir à adega buscar o delicioso vinho para as refeições.

Dizem que é a ocasião que faz o ladrão.

A menina aos poucos foi pegando gosto pelo delicioso líquido.

Sua boa educadora e seus pais de nada suspeitavam.

Às vezes, ela ia ao tonel acompanhada de Fabíola, criada que prestava serviços à família, durante muitos anos.

Um dia discutiram feio:

— Mônica, você não pode beber tanto!

— Ora, Fabíola... Você vai querer mandar em mim?!

— Todos vão ficar sabendo que você enche a cara, sempre que vem à adega...

— Não interessa! Não vou deixar de tomar vinho!

— Sabe o que você é, Mônica, uma bebum! Tá me ouvindo bem?!... Uma beberrona!

Estas palavras arrasaram a pobre menina.

Por isso, tomou séria decisão: abster-se do vinho.
Esse propósito ela cumpriu rigorosamente.

* * *

Mônica sentia-se realizada.

O que mais almejava nesta vida, havia conseguido, isto é: A conversão de seu filho.

Certa ocasião ela disse a Agostinho: "Por um só motivo desejava prolongar um pouco mais a vida: para ver-te católico antes de morrer. Deus concedeu-me esta graça superabundantemente" (Confissões, p. 229).

Enaltecendo as preces e as lágrimas que sua mãe derramou por ele, o Santo escreveu: "... enquanto minha mãe, vossa fiel serva, junto de Vós chorava por mim, mais do que as outras mães choram sobre os cadáveres dos filhos" *(Confissões, p.83).*

Santo Agostinho escreveu 94 livros: 27 antes de ser sagrado bispo e 67 após a sagração.

Suas principais obras: *A Doutrina Cristã; A Verdadeira Religião; O Livre-arbítrio; A cidade de Deus* e *Confissões.*

O Santo ao ser tentado a fraquejar em seu heroico ministério e voltar à libertinagem, lembrava-se dos mártires, das virgens perseverantes, dos grandes papas, dos bispos, dos monges, dos belos exemplos dos inúmeros santos e santas da Igreja Católica e concluía: "Potuerunt hi, potuerunt hae, cur non tu, Augustine?" (Estes puderam, aquelas puderam, por que você não pode, Agostinho?).

* * *

Santa Mônica faleceu em 387.

Na ocasião Santo Agostinho exortava seus seguidores:

— Saudades, sim! Tristeza, não!

O Pontífice Alexandre III colocou o nome de Santa Mônica entre os santos da Igreja Católica.

Ela é modelo das mulheres casadas e a Padroeira das Associações das Mães Cristãs.

* * *

São Bento

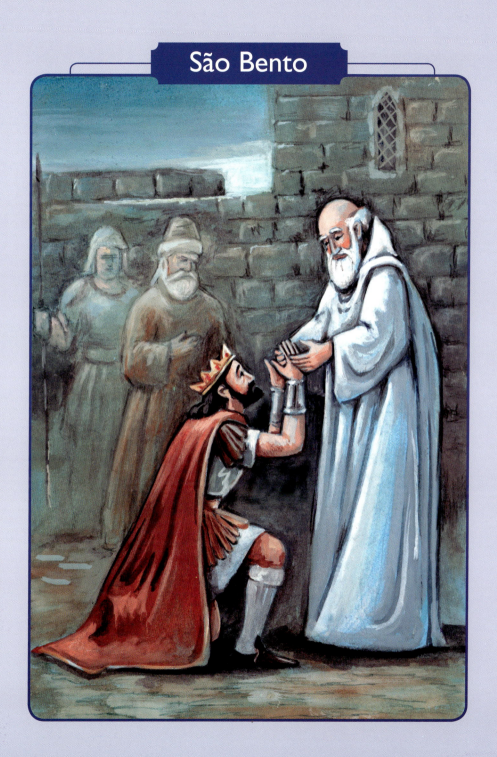

SÃO BENTO
(480 – 547)

Nasceu de uma família nobre, em Núrsia, na Itália.

Tempos depois, foi enviado pelos pais para estudar em Roma.

Mais enfronhado na vida estudantil, percebeu que o ambiente era repleto de corrupções e malícias.

Abandonou tudo e retirou-se para o deserto.

São Gregório Magno, Papa de 590 a 604, admirador e biógrafo de São Bento, encantou o mundo com as histórias maravilhosas do Santo Patriarca dos Monges do Ocidente.

Isso foi em 593.

Além de Papa e talentoso escritor, São Gregório criou e difundiu o celebérrimo Canto Gregoriano.

Apresentamos, em ligeiras pinceladas, resumo de alguns milagres, segundo fidedigno relato de São Gregório Magno, seu quase contemporâneo.

***

O copo de vidro quebrado com o sinal da cruz

Num mosteiro, não muito distante, corria a notícia de que seu idoso abade havia falecido.

Deixou uma comunidade formada, na maioria, por religiosos destituídos de obediência, de disciplina, de santidade...

Resultado: Em breve a instituição iria soçobrar.

Preocupados, os frades convidaram o Santo Varão para os dirigir.

O Homem de Deus, prevendo desentendimentos naquele ambiente badernado, recusou-se a aceitar o convite.

Insistiram.

Chegaram a implorar de joelhos.

Bento não teve outra saída senão aceitar, mas admoestou:

— Vós ides "comer fogo"... Surgirão muitas dificuldades para que vos adapteis ao novo comando!

Pouco tempo depois, corria nos corredores do monastério o zum-zum da rebeldia orquestrada pelos mais inconformados e mais revoltados.

A disciplina cada vez mais estava em farrapos.

Após calorosa reunião, resolveram matar seu novo pai, colocando veneno em seu vinho.

Ao sentar-se à mesa, para o abençoar, como de praxe, fez sobre o copo de vidro o sinal da cruz.

No mesmo instante, o corpo espatifou-se em muitos pedaços.

Todos ficaram atônitos.

Bento, com o rosto sereno falou:

— Que o Deus de Misericórdia tenha piedade de vós, irmãos. Por que assim fizestes?! Não vos disse que meus métodos eram incompatíveis com os vossos?! Procurai um guia de acordo com vossos caprichos; a partir de agora não podeis contar comigo!

Voltou à solidão.

Mas não conseguiu viver isolado, porque a fama de seus milagres e sua retidão de vida se espalharam por toda a parte.

Era visitado por nobres e outros cidadãos de Roma, que lhe entregavam seus filhos para serem ensinados, como eles mesmos afirmavam: "Ensinados com esmero pelo Santo Patriarca".

Nessa época, o grande abade construiu doze mosteiros e instituiu para cada um deles, um abade.

***

Jovem esmagado por uma parede é milagrosamente curado

Durante a construção de um convento, uma parede caiu, esmagando horrivelmente um jovem frade.

Tão impressionante foi o desastre, que precisaram colocar a fragmentada vítima num lençol para levá-la à presença do Santo.

Nessa ocorrência, para uma pessoa sem fé, tudo estaria perdido.

São Bento ordenou que colocassem sobre a esteira, em sua cela, o jovem disforme e concentrou-se em sublime oração.

Terminada a prece, que maravilha!

Momentos depois, o Santo Abade encaminhou de volta ao canteiro de obras, feliz e perfeitamente saudável, o religioso que tombara sob o peso da parede.

***

Os monges que se alimentaram fora do mosteiro

Bento, além de outros dons, começou a gozar do fantástico poder da clarividência.

Isso proporcionava-lhe grande respeito e até mesmo estranho temor.

Todos sabiam que ninguém podia enganá-lo.

Mais cedo ou mais tarde, a malandragem seria descoberta.

Numa ocasião, dois frades saíram do monastério para determinada missão na casa duma senhora piedosa e justa.

A Regra dos beneditinos, nesse particular, não era fácil.

Ela prescrevia a seus frades, incumbidos de qualquer encargo, que nunca poderiam comer alimento ou tomar qualquer espécie de bebida fora do convento.

Os dois precisavam resolver alguns casos complicados e o tempo foi passando...

Gentilmente, a dona da casa ofereceu-lhes bebida e alimentação.

A mulher era de muita confiança.

A fome apertava...

Nossos religiosos esqueceram-se do acanhamento, dos salamaleques, da Regra...

Mais uma vez convidados com muitas amabilidades, cederam.

Comeram e beberam como se estivessem na casa do Pai Bento.

Já se ouviam os primeiros pássaros noctívagos, quando chegaram à frente do mosteiro.

Antes de tocarem a sineta, confabularam:

— E agora?! Vamos contar tudo ao nosso Mestre?!

— Estamos sujeitos à punição, afinal violamos a Regra!

— Vamos disfarçar...

— Mas que a comidinha estava boa... estava!

— Pode ser que nosso Abade nem perceba que comemos e bebemos.

Anunciaram a chegada.

Foram recebidos pelo santo Chefão.

E o frade mais velho:

— Viemos pedir a vossa bênção!

— Onde comestes?

— Em lugar nenhum!

— Como é que mentis desse modo?! Por acaso não entrastes na casa de tal mulher, lá comendo tal e tal coisa e não bebestes tantas vezes?!

Ao perceberem que o Santo Patriarca sabia de tudo, arrojaram-se aos seus pés, pedindo perdão.

* * *

Bento descobre o disfarce do Rei Tótila

Em meados do século VI, existiu um rei bárbaro chamado Tótila. Era traiçoeiro, vingativo e sanguinário.

Ao passar com seu séquito, nas proximidades do mosteiro, ficou sabendo que o Santo Patriarca tinha o dom da profecia.

Astuto e de má fé, resolveu explorá-lo.

Engendrou uma farsa, na qual pretendia desmoralizar o Santo.

Chamou Rigo, oficial de sua inteira confiança, e ordenou:

— Nós temos um frade metido a profeta que tem a mania de inventar o que vai acontecer no futuro. Facilmente, vamos tirar-lhe a máscara...

— Diga-me o que devo fazer!

— É simples. Veste minhas roupas de púrpura e calça meus luxuosos sapatos. Além disso, usa o meu imponente séquito encabeçado por Vulderico, Rodrigo e Blídico.

Ao ver o farsante que se aproximava, Bento gritou-lhe:

— Filho, tira fora isso que levas, porque não te pertence!

Uma onda de pavor apoderou-se de Rigo.

Ele não titubeou e, mesmo paramentado de rei, prostrou-se aos pés do grande religioso.

Seus companheiros seguiram seu exemplo.

Momentos depois, o Rei Tótila, humilhado, soube que o "tiro tinha saído pela culatra".

Não demorou e sua majestade, temeroso, estava também perante o Santo Abade.

Bento aproveitou o ensejo para exortá-lo a tratar seus súditos com mais comiseração e fez-lhe importantes previsões:

— Entrarás em Roma, atravessarás o mar, reinarás nove anos e no décimo morrerás.

O Rei Tótila, de fato, entrou em Roma, depois atravessou o mar para a Sicília e, no décimo ano de seu reinado, perdeu o reino e a vida.

* * *

A aceitação irregular dos lenços é descoberta

Nas proximidades do mosteiro, viviam algumas monjas que assistiam a vários grupos de homens convertidos do culto dos ídolos para a fé cristã.

O monastério enviou um frade para os trabalhos de evangelização.

Conversa vai, conversa vem, e o monge, violando a Regra, aceitou, por insistência das religiosas, alguns lenços.

Era uma falta leve, mas não deixava de ser um deslize.

Ele ocultou o presente sob o seu hábito.

Regressando ao convento, encontrou-se com o santo Patriarca:

— Vossa bênção, Pai.

— Quê?! Tu vens pedir a minha benção, mas a falsidade está em teu coração!

Tendo se esquecido do erro praticado, o religioso perguntou:

— Como?!

— Por acaso eu não estava presente quando tu recebeste das servas de Deus os lenços que escondeste no peito?

Atirando-se aos pés de São Bento, o frade pediu perdão e jogou fora os tecidos que havia escondido.

* * *

**O camponês amarrado é libertado
apenas com o olhar de São Bento**

Zala era o nome do godo ariano que tinha imenso ódio aos religiosos católicos.

Tal era sua raiva, que o povo comentava:

— Zala?! Coitado do frade que cair nas mãos desse monstro em forma de gente... Só Deus, nosso Senhor, pode salvá-lo!

Um dia ele capturou um pobre agricultor; deu-lhe violenta surra e ameaçou:

— Conta-me, desgraçado, onde escondeste tuas posses!

Diz o ditado popular: "Enquanto o pau vai e vem, folgam as costas!" E o infeliz, tentando ganhar mais algumas horas de vida, gritou:

— Tudo o que tenho está nas mãos de um frade chamado Bento.

— Se tu não queres morrer, leva-me para conhecer esse tal de Bento!

O camponês ia adiante com os braços fortemente amarrados.

Iam em direitura ao monastério, onde morava o Santo Abade.

Não demorou muito e avistaram, na porta do convento, o Servo de Deus que lia tranquilamente.

A pobre vítima falou ao seu perseguidor:

— Este é o Abade Bento de quem lhe falei.

O facínora, com o olhar cheio de ódio, achando que incutia pavor também no religioso, berrou:

— Vamos! Levanta-te! Devolve ao aldeão tudo o que dele tiraste!

Bento não se levantou.

Olhou fixamente o bandido, depois pousou o olhar nos braços do prisioneiro; apenas com essa contemplação desatou completamente os nós.

Vendo o poder divino que o Santo possuía, Zala, aterrorizado, pediu perdão e prometeu nunca mais perseguir seus semelhantes.

* * *

**A água que o santo fez brotar
de uma pedra no alto de um morro**

Bento tinha edificado três monastérios.

Todos eles, sobre as rochas, no alto duma serra.

O vai e vem dos frades em busca de água era muito perigoso, além disso, muito estafante.

Esses religiosos reuniram-se com São Bento:

— Pai, mil perdões, mas estamos expondo nossas vidas, quando procuramos água!

— Eu sei!

— Não seria melhor nós nos mudarmos para lugar mais acessível à água?!

— Tende calma, meus filhos! Deus Todo-Poderoso vai solucionar esse problema para nós!

Na mesma noite, Bento subiu a montanha e rezou durante muito tempo, depois ali colocou um marco formado por três pedras sobrepostas.

No dia seguinte, os frades voltaram à sua presença, batendo na mesma tecla: a falta de água.

São Bento explicou:

— Ide e cavai um poço no lugar em que achardes três pedras sobrepostas. Deus Todo-Poderoso pode fazer brotar água até naquele alto da montanha, para vos poupar o cansaço de tão grande caminhada.

Eles foram lá no alto e, junto às pedras indicadas por Bento, perfuraram uma cova, que logo se encheu de águas cristalinas tão copiosas que deslizam, morro abaixo, desde o cume rumo ao sopé da montanha, onde correm até os dias de hoje.

* * *

A medalha de São Bento

A famosa medalha mostra, na frente, a imagem de São Bento e, no verso, o símbolo de nossa redenção: a Santa Cruz.

Além dessas efígies sagradas, a medalha traz ainda muitas letras, representando, cada uma delas, uma palavra latina:

C.P.S.B.: *Crux Sancti Patris Benedicti* (Cruz do Santo Padre Bento)

C.S.S.M.L.: *Crux sacra sit mihi lux* (A Cruz sagrada seja a minha luz).
N.D.S.M.D.: *Non draco sit mihi dux* (Não seja o dragão o meu chefe).
I.H.S.: *Iesus Hominium Salvator* (Jesus Salvador dos Homens).
V.R.S.N.S.M.V.S.M.Q.L.I.V.B.: *Vade retro satanas; nunquam suade mihi vana: sunt mala quae libas; ipse venena bibas* (Afasta-te, satanás; nunca me aconselhes tuas vaidades, a bebida que me ofereces é o mal. Bebe tu mesmo teus venenos).

Efeitos maravilhosos:
Em 1665, um homem tinha, no braço, assustadora e incontrolável ferida.
Não havia remédio que a detivesse.
Os próprios médicos estavam desanimados.
Até parecia mandinga.
Então, surgiu uma boa ideia: Colocar a Medalha de São Bento sobre o braço danado; também seria aplicado curativo corriqueiro.
Logo no dia seguinte, ao ser retirada a bandagem, percebeu-se grande melhora e, passados alguns dias, a cura era total.

* * *

Também, em 1665, na região de Borgonha, o gado era dizimado por violenta epidemia.
As vacas, em vez de darem leite, davam sangue.
Os animais recuperaram a saúde instantes após beberem água em que havia sido mergulhada a Medalha de São Bento.

* * *

Era verão de 1858.
A cólera atacava ferozmente, em Tívoli; não distante dali, um enfermo duramente vitimado pela moléstia mandou chamar, às pressas, o sacerdote.

Antes do religioso chegar, tais eram as dores que ele se julgava irremediavelmente perdido.

Comprimindo as partes doloridas do estômago, percebeu a existência da Medalha de São Bento, que ele costumava carregar consigo.

Invocou com muita fé seu patrono São Bento.

Incontinente, sumiram as dores.

Deixou o leito e, vendo o sacerdote que chegava, falou-lhe:

— Padre, estou curado; a Medalha de São Bento me salvou!

Esse devoto do Santo Patriarca, no dia seguinte, apresentava-se à Abadia dos Beneditinos de São Paulo de Roma, levando os atestados firmados pelo padre e pelo doutor, testemunhando a ocorrência do prodígio.

* * *

A aprovação da medalha de São Bento pela Santa Fé

O Pontífice Bento XIV, depois de acurados exames, aprovou a devoção à Medalha de São Bento, propagada em todo o mundo, há mais de 300 anos.

Isso ele fez através do Breve de 12 de março de 1742, dando assim garantia e segurança à veneração já devotada pelos povos à conceituada Medalha Beneditina.

A Santa Sé dissipou, desse modo, toda e qualquer suspeita de superstição que pudesse pairar sobre este objeto abençoado.

Desestimulou as fingidas inquietações dos livres pensadores da época.

Incontáveis são os benefícios concedidos ao povão, por intermédio da Medalha de São Bento, há muitos e muitos séculos.

* * *

Santa Bernadette

SANTA BERNADETTE
(1844 – 1879)

Nasceu em Lourdes, na França.

Tinha três irmãos: Antonieta Maria (Toinette), João Maria e Justino.

Filha de Francisco Soubirous e de Luísa Casterot, recebeu na pia batismal o nome de Maria Bernarda.

Sua família era muito pobre, paupérrima. Tão pobre que chegava às raias da miséria. Francisco Soubirous, seu pai, tinha um moinho que herdara do sogro.

Péssimo administrador – embora devotado ao trabalho –, financeiramente ia de mal a pior.

E, para complicar, não tinha tino comercial.

Vendia fiado e não se encorajava para exigir nada.

A esposa seguia o mesmo caminho.

Diz o adágio: "Quando a miséria entra numa casa pela porta, o amor sai pela janela". Aqui esse provérbio não funcionava. Marido e mulher viviam na mais perfeita harmonia.

Quando seus fregueses iam buscar o trigo moído, Francisco e Luísa, esquecendo-se da pindaíba em que estavam, serviam-lhes vinho.

Serviam-lhes queijo. Às vezes, até mesmo bolo ofertavam aos inescrupulosos caloteiros.

Resultado: Ficaram na maior pobreza.

Premidos pelas dívidas, precisaram deixar o Moinho Boly.

Em 1854 mudaram-se – Ó tristeza! – para o único lugar que os aceitava: a antiga masmorra, úmida e triste que seus primos tinham recebido como herança.

Seus parentes também lá moravam, mas na parte superior.

Esse acanhado local, com menos de 17 metros quadrados, só tinha uma pequena janela protegida por grades de ferro, onde Bernadette procurava, em suas crises de asma, sorver, como lenitivo para sua doença, uma porção do precioso ar.

* * *

A aparição da Santíssima Virgem

A família Soubirous, sendo muito pobre, não possuía recursos para comprar lenha seca.

O tempo estava frio demais e a mamãe Luísa receava que Bernadette, indo buscar material combustível necessário, pudesse agravar seu precário estado de saúde.

Por isso estava triste e lacrimosa.

Suas filhas perguntaram:

— Mãe, por que estás chorando?

— Estamos sem lenha...

— Nós duas vamos buscar.

— Onde?

— Na beira do Rio Gave.

— Vocês estão loucas? Beirar o rio tão cheio num tempo desses?

Nesse ínterim, chegou a vizinha, Joana Abade. Ela ouviu parte da conversa e se prontificou:

— Eu posso acompanhar suas filhas.

— Pode mesmo?

— Sim, senhora.

— Então têm minha permissão, mas cuidado com o Rio Gave que está muito cheio.

Tomaram o rumo da floresta e das grutas.

Em certos momentos, precisaram tirar os tamancos e entrar nas águas rasas da beira do rio.

Bernadette observou:

— Não posso entrar na água... tenho medo que minha doença se agrave.

Ficou sozinha perto duma caverna, observando suas companheirinhas.

Súbito, ouviu um grande rumor semelhante a forte ventania, embora as árvores estivessem imóveis.

Muitos anos depois, a própria pastorinha, por escrito, nos põe a par do sucedido:

"Eu tinha ido com duas outras meninas à margem do Rio Gave, quando ouvi um som de sussurro. Olhei para as árvores. Elas estavam paradas e os ruídos não eram delas. Olhei e vi uma caverna e uma senhora vestindo um vestido branco com um cinto brilhante. No topo de cada pé, havia uma rosa pálida da mesma cor das contas do Rosário que ela segurava. Eu queria fazer o sinal da cruz, mas não consegui e minha mão ficava para baixo.

Aí, a Senhora fez o sinal da cruz ela mesma e na segunda tentativa consegui fazer o sinal da cruz, embora minhas mãos tremessem.

Comecei a rezar o Rosário enquanto ela movia as contas com os dedos sem mover seus lábios.

Quando terminei a Ave-Maria, ela desapareceu.

Eu perguntei às minhas duas companheiras se elas haviam notado algo e elas responderam que não tinham visto nada. Naturalmente, queriam saber o que eu estava fazendo e eu disse a elas que tinha visto uma senhora com um vestido branco, embora eu não soubesse quem era.

Disse a elas para não dizer nada sobre o assunto porque iriam dizer que era coisa de criança.

Voltei no domingo ao mesmo lugar, sentindo que era chamada ali.

Na terceira vez que fui à gruta, a Senhora reapareceu. Falou comigo e me pediu para retornar nos próximos 15 dias. Eu disse que viria e então ela disse para pedir aos padres para fazerem uma capela ali. Ela disse também para tomar a água da fonte. Eu fui ao rio que era a única água que se podia ver.

Ela me fez compreender que não falava do Rio Gave e sim de um pequeno fio d'água perto da caverna. Eu coloquei minhas mãos em concha e tentei pegar um pouco mais do líquido, sem sucesso. Aí comecei a cavoucar com as mãos o chão para encontrar mais água e, na quarta tentativa encontrei água suficiente para beber. A Senhora desapareceu e fui para casa".

* * *

Voltando para o lar, a Santinha pediu às suas companheiras para nada comunicarem às pessoas, especialmente aos seus pais.

Em casa, sua irmãzinha estava excitada para contar tudo à mãe:

— Sabes, mamãe, a Bernadette fez hoje uma grande aventura...

— Como assim?

— Ela disse que viu, na gruta, uma dama lindíssima com quem falou.

— Meu Deus do Céu! Ela estaria ficando louca?

Chamou Bernadette e perguntou:

— Filha, tua irmã está me contando que tiveste uma visão na gruta, é verdade?

— Sim, mamãe!

— Deus de Piedade, tende compaixão!... É tudo bobagem, minha filha! É ilusão!

— Não, senhora! Não foi imaginação! Eu mesma conversei com ela!

— Ó minha menina, às vezes o próprio diabo aparece tentando nos confundir.

E ameaçadora:

— Não quero que voltes nunca mais para Massabielle!

À noite, preocupadíssima, Luísa contou a história a Francisco Soubirous que repreendeu a filha:

— Não chegam as encrencas de todos os dias e agora inventas mais essa! Não quero que voltes à tal gruta, estás ouvindo bem?

— Sim, senhor!

Durante o dia, a pastorinha tentou convencer a mãe a permitir que ela voltasse a ver sua doce Aparição. Depois de muitos pedidos, Luísa, coração mole, falou:

— Se a Dama usava um Rosário, não pode ser do mal. Entretanto, quero que leves um pouco de água benta e jogues nela, certo?

— Certo, mamãe!

O pai, aconselhado pela esposa, também assentiu.

Com a autorização dos pais, as garotas dispararam em direção à Massabielle.

Antes passaram na Igreja de São Pedro e lá encheram um vidrinho de água benta que devia ser jogada na Visão; caso fosse do mal, certamente desapareceria.

Quando apareceu a Bela Senhora, a garotinha a molhou várias vezes até secar a garrafinha.

Sob o chuvisco de água benta, a Lindíssima Dama sorria...

Estava provado que ela não era do mal.

Grande número de curiosos e devotos começou a frequentar a gruta, causando às desconfiadas autoridades muita cisma.

* * *

O prefeito, o procurador imperial e o comissário de polícia reuniram-se na Câmara Municipal.

Eles temiam pela segurança das pessoas nas aglomerações cada vez mais numerosas em Massabielle.

O funcionário imperial convocou a Pastorinha de Bartrès para uma entrevista.

Corajosamente, a menina atendeu ao chamamento.

Não tinha mais medo de nada.

Foi sozinha.

O procurador, num misto de cordialidade e de prepotência, abriu o diálogo:

— Filhinha, você ainda frequenta a caverna de Massabielle?

— Sim, senhor.

— A sua dama só existe na sua imaginação!

— Nos primeiros dias, eu também pensava assim, mas hoje tenho certeza de que ela existe.

— Tolice! As próprias irmãs que lhe dão aulas dizem que você é vítima de ilusão.

— É porque elas não viram como eu vi.

Ele procurou intimidar:

— Cuidado, menina... Nós vamos descobrir algumas coisas interessantes sobre você e seus parentes que podem levar vocês à prisão...

— Eu nada temo, senhor!

— Muitas pessoas riem de você e da aparição da sua Dama!

— Quando vou à gruta, atendo o pedido da Belíssima Senhora que fala comigo.

— Então você continuará suas visitas?

— Sim, senhor.

— Pode sair!

— Sim, senhor.

***

O vigário de Lourdes

O abade Peyramalle, responsável pela paróquia de Lourdes, era grandalhão. Tinha aspecto montanhês.

Sua figura tornava-se mais assustadora quando atolava na cabeça seu chapelão negro.

Como chegou a tão grande posto da Igreja?

O povo afirmava que ele tinha um coração de ouro, que era caridoso, confidente e um amigão nas horas difíceis, embora pouco maleável.

A pastorinha comentava: "Tenho mais medo dele do que dum policial".

Entretanto, a Dama queria que a pequena mensageira fosse falar com ele.

Movida pelo grande amor à Belíssima Senhora, Bernadette foi.

No portão de ferro do presbitério, o Abade Peyramale a avistou e, aproximando-se:

— Ó menina, quem é você?

— Bernadette Soubirous.

— Ah! A pequena da gruta... Pode entrar!

No salão, fitando-a bem:

— Que deseja de mim?

— Sr. Padre, a Bela Dama da Gruta deseja que os padres mandem fazer uma capela em Massabielle.

— E quem é essa Dama?

— Não a conheço

— E você recebe incumbência da desconhecida!

— Mas ela é lindíssima! Nunca vi beleza igual!

— É muito estranho você não ter o nome da sua confidente...

— Quando lhe pergunto qual é o seu nome, ela sorri e não responde.

— Então ela é muda?

A pastorinha retrucou com admirável lógica:

— Se ela fosse muda, não teria pedido para eu falar com o senhor.

— Pois diga à tal Dama que o Cura de Lourdes exige que lhe diga seu nome e que ele, o Cura de Lourdes, não tem por hábito tratar com desconhecidos.

No dia seguinte, domingo, a pastorinha voltou a Massabielle.

Perante mais de duas mil pessoas, entrou em êxtase.

Conversou com Nossa Senhora que, ainda dessa vez, não quis se identificar.

Bernadette, acompanhada de sua tia Basília, foi à casa Paroquial.

Ao vê-las, o religioso dirigindo-se à pequena, perguntou:

— Então, a Dama disse-lhe seu nome?

— Sr. Cura, ela apareceu novamente, insistindo para que fossem lá, em procissão.

Peyramale não se conteve:

— Só faltava isso... Uma procissão para quê? Certamente para que os incrédulos se riam de nós!

— E, virando-se para a tia, com rispidez:

— A senhora é parenta dessa criança? Que tristeza ter na família uma pessoa tão teimosa!

**

Tempos depois, o senhor Cura se tornou um dos maiores defensores da santinha, principalmente no jogo de empurra-empurra entre as autoridades de Lourdes – Barão de Massy, prefeito, sub-prefeito, três doutores e ministro dos cultos – para enviá-la a Tarbes, com o objetivo de tratá-la como doente mental.

Aí, o senhor Abade interveio energicamente.

Não nos esqueçamos de que ele jamais tivera sido conivente com a divulgação das aparições.

Diante desse balaio de gatos, Peyramale, o Cura, engrossou:

— Se o senhor bispo, se o clero, se eu próprio esperamos que uma luz ainda maior se faça sobre os acontecimentos da Gruta, para pronunciarmos a respeito do seu caráter sobrenatural, temos, todavia, luz suficiente para julgar da sinceridade de Bernadette e da integridade das suas faculdades intelectuais. Os vossos médicos mesmo não constataram nenhuma lesão cerebral, não ousam afirmar nada e não concluem senão por uma hipótese. Eu conheço o dever de proteção que incumbe ao pastor de uma paróquia, sobretudo quando se ataca uma criança. Ide, portanto, dizer ao senhor Massy que os seus policias me encontrarão no limiar da porta dessa pobre família e que terão de me empurrar, de passar sobre meu corpo, antes de tocar num cabelo dessa pobre pequena.

* * *

A justiça, tentando enquadrar as inúmeras mulheres que iam à gruta tomar um pouco de água miraculosa ou fazer suas orações, desencadeou verdadeira enxurrada de processos contra elas.

Muitas comentavam:

— Sr. Juiz, o que importa às autoridades se cremos ou não, se bebemos dessa água ou de outra qualquer?! Nós somos um povo livre ou escravo?!

Nessas discussões surgiram muitos casos pitorescos.

O funcionário da justiça provoca:

— Ó mulheres, vocês pensam que estão venerando a Virgem Santa... estão faltando ao respeito para com ela!

— O senhor acha? Não sabíamos que ao visitar uma dama da cidade, nós a estaríamos desrespeitando!

— Vocês fazem macaquices na Gruta de Massabielle!

— Perdão, senhor juiz, nós fazemos exatamente o que o senhor faz aos domingos na igreja.

Uma saraivada de gargalhadas ressoou pelo recinto, deixando o pobre árbitro completamente desconcertado... tão desconcertado ficou, que não teve outra saída senão abandonar a audiência.

O desastrado funcionário da justiça se viu novamente em "papos de aranha", quando compareceram em sua presença dois contraventores respeitáveis: O senhor Luís Veuillot, temido redator-chefe do "Universo", um dos maiores jornais da França e a governanta do Príncipe Imperial.

Esse dia era realmente aziago para quem gostava de espezinhar o povo-rei.

* * *

Dois ou três meses após esse episódio, surgiu outro grande revés para os perseguidores do povo devoto da Santinha.

Uma senhora da alta sociedade foi à Gruta, buscar a benfazeja água.

Ao chegar em Massabielle, portando seu garrafão para trazer o precioso líquido, foi bruscamente barrada pelo policial:

— A senhora não sabia que é proibido pegar água aqui?

— Não sabia...

A acompanhante alertou:

— Senhor guarda, o senhor sabe com quem está falando?

— Não sei, nem quero saber. Não pode e acabou!

— O senhor está diante da esposa do Imperador Napoleão III.

— Ó! Perdão, senhora! Leve a água que quiser!

Dias após essa ocorrência, a nascente foi totalmente liberada.

* * *

O milagre da vela

Aconteceu durante a 17ª aparição da Santíssima Virgem.

O doutor Dozous, muito conceituado médico, homem cético e sofrível frequentador de igreja, chamou seu auxiliar:

— François, amanhã cedo, pretendo ir à Gruta de Massabielle...

— Fazer o quê?

— Vou, em nome da Faculdade de Medicina, descobrir a verdade sobre as aparições.

— O senhor acha que é charlatanismo?

— Não. Estive conversando com a pequena e ela não tem jeito de farsante.

— Então é verdade?

— É isso que preciso desvendar. Por enquanto eu não creio em nada. Até vou cronometrar a tal visão e examinar o estado de saúde da menina, durante o transe.

No dia seguinte, lá chegando, o doutor constatou que a Pastorinha de Bartrès estava com o pulso regular, gozava de perfeita saúde física e mental.

Observou que ela, percebendo que seu sírio era apagado pelo vento, passava-o à companheira mais próxima, para reacendê-lo.

Bernadette tinha o seu Rosário na mão esquerda e, na direita, mantinha a vela acesa.

No êxtase, diante da sua Belíssima Dama, juntou, imperceptivelmente, as mãos, pondo a chama da vela sobre os dedos da sinistra.

O doutor Dozous e as pessoas presentes viram a pequena língua de fogo que, tangida pelo vento, passava entre os dedos da vidente.

A grita foi uma só:

— Ela vai se queimar! Tirem-lhe a vela!

O médico pediu:

— Pessoal, tenha calma!

O povo se aquietou.

Terminado o êxtase, após 15 minutos, o doutor solicitou à menina que lhe mostrasse a mão direita.

Ele constatou que não havia qualquer queimadura.

Aí, o "São Tomé, Doutor Dozous" mandou acender o sírio e o aproximou da mão de Bernadette que, assustada, gritou:

— O senhor está me queimando!

O bom médico, encantado, saiu falando para todo o mundo:

— Agora creio, porque vi com meus próprios olhos.

Pode-se dizer que este foi o prenúncio do famoso Gabinete de comprovações médicas

* * *

A análise da água da gruta

O Prefeito de Lourdes assim se expressou: "Foi descoberta em Lourdes, na margem esquerda do Gave, uma água que dizem ter virtudes curativas especiais. Esta água foi recentemente analisada pelo senhor Latour, químico do departamento que lhe reconheceu propriedades tais, que a ciência poderia talvez classificá-la no número das que fazem a riqueza de nosso país".

Algumas semanas depois, o senhor Filhol, químico em Tolosa, concluía: "Resulta desta análise que a água da Gruta de Lourdes tem uma composição tal que se pode considerá-la como água potável análoga a que se encontra nas montanhas, cujo solo é rico em calcário. Esta água não contém nenhuma substância ativa capaz de lhe dar propriedades terapêuticas acentuadas; pode ser bebida sem inconvenientes".

O senhor Filhol enviou ao Prefeito de Lourdes um bilhete que constitui um grande golpe contra os incréus que atribuíam à virtude química daquela água, as curas ocorridas há meses na fonte da Gruta: "Os efeitos extraordinários que se afirmam terem sido obtidos com o emprego desta água, não podem, ao menos no estado atual da ciência, serem explicados pela natureza dos sais, cuja existência, a análise revela".

* * *

O sorriso de Bernadette

A Santinha estava ao lado do hospital, quando um viajante a interpelou:
— Você conhece Bernadette Soubirous?
— Sim.
— Será difícil eu falar com ela?
— Já está falando. Eu sou ela própria.
— Você tem contado histórias maravilhosas... fantásticas.
— De fato, elas são fantásticas, mas nada foi inventado.
— Poderia me contar o que viu na Gruta?
— Para quê? Você não iria acreditar.
O viajor, humilde, abaixou a cabeça:
— Eu sou um pecador... Só lhe peço um obséquio: Mostre-me como a Virgem sorria e talvez eu possa me converter.
— O sorriso da Virgem é celestial, divino... só é visto no céu! Como você é um pecador, vou tentar mostrar-lhe como ela sorria.
Engolfou o olhar no céu e sorriu.
O estranho ficou eletrizado. Longe de motejar, agradeceu de coração e tomou o rumo da caverna sagrada, onde foi fazer suas preces.

* * *

Bernadette não era tristonha.
Não!
Muitas vezes procurava meios para distrair suas companheirinhas.

Por causa da persistente asma que a atanazava, seu médico havia lhe receitado umas pitadas de rapé.

O que foi que a jovem pastorinha fez?

Distribuiu o produto para suas coleguinhas de aula. Todas começaram a espirrar ao mesmo tempo, causando infindas gargalhadas.

* * *

Quando chegou ao noviciado, perguntaram-lhe:

— Irmã, você gosta de recreio?

— Que pergunta... é claro que gosto e muito.

— O que você mais aprecia no recreio?

— Ah! O jogo de cordas! Adoro balançar a corda para as outras pularem!

* * *

Bernadette passou longos anos de sua vida servindo humildemente no convento intitulado INSTITUTO DAS IRMÃS DE CARIDADE DE NEVERS, onde recebeu o nome de Irmã Maria Bernarda.

A Mestra das Noviças, Maria Tereza Vauzou, era uma "seda" para com as outras postulantes, mas uma "casca de ferida" para com a Pastorinha de Bartrès. A Madre achava que tinha o dever de humilhar a pobre Santinha.

Qualquer uma das religiosas via em Bernadette algo de celestial, conforme se vê em suas correspondências: "Considero-a como uma santa". "Sua fisionomia sobrenatural e seu olhar celeste deixaram em meu coração uma impressão profunda." "Jamais me aproximei dela sem me sentir mais perto de Nosso Senhor."

Mas não era assim que pensava a Madre Vauzou.

Um dia, ante o grande crucifixo, no respeitável silêncio do convento, a Superiora Geral, Madre Josefina, eventualmente ouviu a prece, ou melhor, a lamúria, em voz alta que era feita pela inconformada Madre Vauzou: "Senhor, eu vos sirvo com dedicação, há tantos e tantos anos ... Consumi minha juventude fazendo grandes sacrifícios, mas nunca recebi reconhecimento de vós... Agora, vem essa menina camponesa e tudo fazeis por ela..."

Era uma tarde de verão.

A freirinha cansada e lavada em suor, fazia a faxina do convento.

Faltavam-lhe poucos meses para realizar seu sonho: partir deste mundo e encontrar-se com sua lindíssima Dama no paraíso.

Madre Vauzou observava...

Súbito, a Santa escorregou e caiu ao comprido sobre os ladrilhos recém-lavados, limpinhos.

A velha religiosa correu ao seu encontro, pediu ajuda e a levou para o devido atendimento médico.

Ao cair, a pequena, involuntariamente, expôs doloroso tumor que se formara em seu joelho direito.

Aí, a Superiora mudou o tom de sua reza: "Senhor, perdoai-me. Agora percebo porque tendes tanto carinho para com nossa irmãzinha... Além da asma, além do reumatismo, além das hemorragias reiteradas, ela tem este horrível tumor que lhe deforma o joelho e jamais se queixou. É realmente uma santa!".

* * *

Inúmeros são os milagres operados por intercessão de Santa Bernadette, mesmo em vida, durante sua estada no mosteiro de Nevers.

Numa ocasião, por volta de 1862, os pais de uma jovem, usando sua luxuosa carruagem, resolveram levar a filha para a Santinha dar uma olhadela.

Em sua inabalável fé, não pediam mais nada, senão que a Pastorinha tocasse em seu ente querido.

Todos sabiam que a mocinha era portadora duma doença incurável.

Imploraram à Superiora para permitir que Bernadette se aproximasse da enferma.

Meio a contragosto, a Madre ordenou:

— Irmã Bernarda, levanta um pouco a cabeça desta garota, enquanto eu ergo seu travesseiro.

Ela obedeceu de bom gosto e saiu.

Coisa magnífica!

Após a saída da irmãzinha, a moça desceu da bela condução e andou perfeitamente curada!

* * *

Numa tarde ensolarada, a Pastorinha de Bartrès foi chamada pela Superiora:

— Irmã Bernarda, por favor, pegue no colo esta criancinha, mas não a coloque no chão, pois ela ficou sem poder andar por causa duma doença incurável.

— Sim, Madre!

Agradando a criança da melhor maneira, levou-a para o grande jardim.

A Confidente da Imaculada Conceição estava numa fase em que brincava com milagres.

Minutos após, a Superiora foi procurar a Santa e a viu em lágrimas:

— Por que choras, Irmã Bernarda?

— A senhora ordenou-me para não colocar a menininha no chão... mas ela, como qualquer criança com saúde, saiu do meu colo e correu pela grama.

— Bendito seja Deus! A mãe vai transbordar de alegria!

* * *

Confusões psicológicas

O Dr. Voisin, embora médico dum famoso hospital de Paris, em conferência sobre doenças psíquicas, na ânsia de prejudicar a Santa e desmoralizar as aparições, deu essas patadas, colocando aos seus alunos Bernadette como exemplo duma alucinada: "As pretensas aparições que foram afirmadas por uma menina alucinada que está hoje encerrada no Convento das Ursulinas de Nevers".

Para começar: A Pastorinha não estava nas Ursulinas e sim no Convento das Freiras da Caridade.

Ao tomar conhecimento da infâmia do mal informado psicólogo, o Bispo local, D. Fourcade, em carta aberta publicada no jornal "L'Univers", rebateu dizendo que o professor não devia ir atrás de "disse que disse" e sim verificar, ele mesmo, os fatos e que Bernadette, longe de ser uma louca, era ao contrário, pessoa de uma sabedoria pouco comum e de uma calma que ninguém consegue nem de perto imitar.

O Dr. Voisin, certamente envergonhado, moscou-se.

Isso ocorreu em 1872.

* * *

Tivemos a inédita satisfação de conhecer o grandioso Santuário de Lourdes em maio de 1995.

Era ao anoitecer.

Em seu pátio viam-se dezenas e dezenas de fiéis em suas cadeiras de rodas, orando concentrados.

Não nos esqueçamos de que este é um dos Santuários mais visitados do mundo.

Havia, nesse colossal recinto, procissões e muitos grupos de pessoas que se expressavam num linguajar diferente.

Em absorta prece, debulhavam seus rosários. Aqui estavam peregrinos dos quatro cantos do universo.

Muitas vezes ouvia-se a suave Canção de Bernadette em francês, alemão, inglês, espanhol, italiano e português propalada pelos alto-falantes.

Agora, uma grande e luminosa procissão formada por diversas filas de seis a oito pessoas, com suas velas acesas, protegidas por guarda-velas de papel, dirigia-se à igreja principal, rezando ou cantando nos idiomas citados.

Estas demonstrações de fé são vistas cotidianamente. Hoje, por exemplo, é uma segunda-feira comum.

A cada ano, mais de mil e seiscentos médicos prestam serviços gratuitos aos devotos de Lourdes.

A escritora americana Ruth Cranston morou mais de um ano em Lourdes para fazer pesquisas mais aprofundadas junto aos médicos, enfermeiros, padioleiros e doentes (os peregrinos chamados *miraculés* que foram beneficiados com milagres e que voltam ao Santuário todos os anos, com excelente disposição para ajudar os carentes).

Tais depoimentos foram publicados na Revista "Seleções" de março de 1956 (Seção de livros).

O que levou a escritora Ruth a acompanhar e relatar as ocorrências de Lourdes?

Em primeiro lugar, a vontade de apurar o que havia de verdadeiro em tudo o que se comentava, depois a publicação de grandes curas: câncer no estômago, peritonite, tumor pulmonar, angina...

Além de tudo, um jornal francês que trazia a seguinte manchete: "Criança idiota curada em Lourdes. Menino de sete anos recupera a inteligência depois de viver durante anos como animal".

Nome da criança: Guy Laudet.

Anos depois, a esforçada escritora foi a St-Etienne, onde se encontrou com simpático jovem de 14 anos, cujo pai, orgulhoso, dizia que ele tinha recebido uma bolsa de estudos na Inglaterra.

Este jovem era Guy.

Foi informada de que ele goza de ótima saúde (como acontece com todos aqueles que receberam milagres).

Vem à baila também o que aconteceu com o pobre menino com crise aguda de meningoencefalite, terrível doença cerebral que lhe paralisou os braços e as pernas, trazendo-lhe convulsões e ataques epiléticos e privando-o das faculdades mentais.

Encaminhado a Lourdes e, depois do contato com suas águas, o garotinho logo reconheceu sua mãe.

Mais tarde, foi apresentado a uma junta de quarenta médicos, os quais, abismados e unânimes, o declararam normal.

Surgiram muitos outros milagres confirmados pelo Bureau Médico, inclusive médicos de outras religiões.

Cranston nos apresenta um belo exemplo, afirmando que na época em que trabalhava na Ásia, fazendo reportagens, os moradores de longínquos lugares (China e Índia) não acreditavam nos arranha-céus de nova York, porque nunca os tinham visto. Evidentemente, não podiam existir.

* * *

Uma jovem cega de nascença, depois de ter contato com as águas da Gruta, foi curada.

Muito agradecida e, pretendendo testemunhar sua cura milagrosa, foi com sua mãe ao consultório dum oftalmologista.

Ele era incréu.

Repassando ante a garota, as letras, ia perguntando:

— Você é capaz de ler isto?

— Não, senhor.

— É capaz de ler estas letras maiores?

— Também, não senhor. Não posso ler!

O doutor ficou irritado:

— Vocês têm muita fantasia...

E, com desprezo, apontando a jovem:

— A mocinha cega disse que estava enxergando... Ela não é capaz de ler nem letras desse tamanho!

A mãe esclareceu:

— Doutor, ela nunca aprendeu ler!

* * *

Pouco antes da Santa morrer, os bispos de Nevers e de Tarbes lhe fizeram o derradeiro interrogatório sobre as aparições.

A Pastorinha, com firmeza extraordinária, confirmou tudo aos dois prelados.

* * *

Bernadette Soubirous foi beatificada pelo Pontífice Pio IX em 2 de junho de 1925 e canonizada pelo mesmo Papa em 1933.

O corpo de Santa Bernadette permanece incorruptível até os dias de hoje, em Lourdes, onde foi construído um dos maiores Santuários do mundo.

* * *

BIBLIOGRAFIA

Jorge, Fred. História de São Jorge. São Paulo: Editora Prelúdio Ltda. 1959.

Costa, C.Ss.R., Pe. Francisco. Vida de Santo Afonso. Aparecida-SP: Editora Santuário, 1987.

Durepos, Joseph. Vá em paz, João Paulo II. Aparecida-SP: Editora Santuário, 2005.

Kirchner , C.Ss.R., Pe. Luís. Santo Afonso: Uma Espiritualidade para hoje. Aparecida-SP: Editora Santuário, 1997.

Montes, C.Ss.R., Pe. José. Afonso Maria de Ligório, o Cavaleiro de Deus. Petrópolis-RJ: Editora Vozes Ltda. 1962.

Berthe, C.Ss.R., Pe. Agostinho. Santo Afonso de Ligório. São Paulo–SP: Escolas Profissionais Salesianas do Liceu Coração de Jesus. 1931.

Heinzmann, C.Ss.R., Josef. Vida de São Clemente Hofbauer. Aparecida-SP: Editora Santuário. 1988.

José Neto, Pe. Mário. São Cristóvão. São Paulo: Edições Paulinas, 2001.

Angelini, Agostiniano, Pe. Atanásio. Santa Rita de Cássia. São Paulo–SP: Editora "O Calvário", 1961.

Coleção Patrística. Santo Atanásio. São Paulo-SP: Editora Paulus, 2002.

Sant'Anna Lilá. Quem é Padre Pio? Rio de Janeiro: Editora Mauad, 2002.

Cavagnari Giovanni. Padre Pio, seus milagres, seus carismas, sua vida. São Paulo-SP: Artpress, Indústria Gráfica e Editora Ltda. 2006.

AMORTH, PIA SOCIEDADE DE SÃO PAULO, PE. GABRIELE. Padre Pio – Breve história de um santo. São Paulo-SP: Palavra & Prece Editora Ltda. 2007.

ROCHA HYLTON M. Mônica – Uma Mulher Forte. São Paulo-SP: Editora Paulus, 1981.

MAGNO, SÃO GREGÓRIO. Vida e Milagres de São Bento. São Paulo–SP: Artpress, Indústria Gráfica e Editora Ltda. 1995.

YVER COLETTE. A Humilde Santa Bernadette. São Paulo-SP: Edições Paulinas, 1956.

DUHOURCAU FRANCOIS. Santa Bernadette de Lourdes. Rio de Janeiro–RJ: Editora Vecchi, 1958.

BRUSTOLONI, C.Ss.R., PE. JÚLIO. Vida de São Roque. Aparecida-SP: Editora Santuário, 1992.

SALVINI, O. S. B. D. AFONSO. Santo Afonso de Logório. São Paulo-SP: Edições Paulinas, 1955.

PALMEIRO MENDES O.S.B. DOM JOSÉ. A vida maravilhosa e a medalha de São Bento. São Paulo-SP: Artpress Indústria Gráfica e Editora Ltda. 2006.

GUÉRANGER, O.S.B. DOM PRÓSPERO. A medalha de São Bento. São Paulo-SP: Artpress Indústria Gráfica e Editora Ltda. 1995.